新版

セラピストの技法

システムズアプローチをマスターする

東 豊
Higashi Yutaka

日本評論社

握一点　開無限　（禅宗の言葉）

本書流意訳：何事もこだわりをもつと一つの意味しか見えませんが、
こだわりを捨てると無限の意味が見えてきます。

まえがき

本書の前身である『セラピストの技法』は一九九七年に出版されましたが、このたび、入念な手直しのうえ、新しい情報や事例、詳細な面接の逐語録（解説付き）を追加することで、大きく姿を変えました。

システムズアプローチのものの見方と実際が誰にでも手に取るようにわかる。そして実践できる。そんな本になったと思います。

本書は、家族療法やブリーフセラピーに関心をもつ人にはきっととっつきやすい本だと思います。しかし、読者対象をその流儀に限定しているわけではありません。ただ、専門用語はできるだけ使わないようにしていますので、資格試験対策には不向きな本です。知識の習得にはほぼなりません。この本の主な目的は臨床力（現場力）のある専門家を養成することなので、心理臨床家としての腕をあげたい人にしか役に立ちません。実際、本書の内容をしっかりと理解したうえで臨床活動を行うと、その上達ぶりに周囲はきっとびっくり仰天することでしょう。

とはいえ、読者が心理療法・カウンセリングの初学者・入門者の場合、本書があなたの初めて手に取る専門書ではないことを祈ります。本書を理解するのに臨床心理学の知識はまったく不要なうえに、心理療法の基本中の基本である重要事項が随所に書かれているにもかかわらず、です。なぜなら、伝統的な臨床心理学の立場から見ると、本書は「取扱注意本」であるかもしれないからです。それでも四〇年前と比べるとずいぶん受け入れられるようになったといえますが、少なくとも主流ではありません。そもそも「心理療法」と呼ぶに値するかどうかも疑わしい。心理臨床の世界に入門したばかりなのにこのテの本を読んでいることが周囲にバレると、変人扱いされるかもしれません。その意味で、できれば臨床心理学にかかわる定番の入門書を何冊か読んでから、あらためてご購読いただければ幸いです。そのうえで、本書の内容を脳髄に染み込ませてほしいと思っています。そしてそれをベースに日頃の臨床活動に取り組んでもらえたなら、これはもう著者冥利に尽きるというものです。

次に読者が心理療法の中級者である場合、ある特定の臨床心理学的な理論を深く愛好する人には、この本は「意味不明」であったり、「危険」であったり、「表面的で底が浅い」であったり、「大事なことが欠落している」であったりするかもしれません。読むと気分が悪くなる可能性もあります。あるいは、これまでのところは特定の理論に縛られてはいないが、なにかに縛られたい願望をもっている人にとっても、別の意味でこの本は「取扱注意本」だといえます。読後に、「これが本物だ！」「ここに心理療法の真実がある！」などといった類いの、興奮を伴う感想を抱いたとしたら（まぁ、そんな人はなかなかいないと思うけど）、やはり要注意でしょうね。決してそんなたいそうなものではありません。ただ、なんらかの理由で現在スランプに陥っている人には光明になる可能性はあります。スランプであった原因が明確になり、一気に脱出できる可能性があります。そしてもしもそのような人がいたなら、やはりこれは著者冥利。嬉しい限りです。

最後に、読者が心理療法の上級者（長年やってる人ではなくて上手い人）である場合、どの理論を愛好しているとしても、本書の内容は「上手に心理面接を進めるためのごく当たり前のことが書かれている」と感じ取れるでしょう。あるいは、ここに書かれていることも一つの考え方であると、素直に受け取れるでしょう。なぜなら心理療法の達人はいろいろな事象に寛容であり、だからこそ人生の達人でもあるからです。その意味で、「自称上級者」の人については、実際のところ自分はどうなのだろうかと、本書を「達人リトマス試験紙」としてご利用いただくことも可能です。とはいえ、読中読後に腹が立ってもがっかりしないでください。まだまだ自分はその程度の器なのだとわかることは実に素晴らしいことなのですから。


全体は3部構成で、第1部は簡単な理屈。第2部は逐語録による解説。第3部は事例です。第1部から第3部までが連動して理解を深めていけるような構成になっています。どこから読みはじめてもじわじわと全体像を掴めますので、各自とっつきやすく思われるところからどうぞ。

臨床心理士、公認心理師など、医療・教育・福祉の現場で活躍している多くの人々の役に立つことを願っています。

わかりやすさは日本一。されど、中味は軽薄ならず。再読のたび、ときめく発見、新たな疑問。そんな本でありますように。

第3部 事例編

第1部
理屈編

第1章 ウォーミングアップ

まずは（寄席でいえば）前座。立ち読みするならなんといってもココ。気楽にお読みいただいて、概ね納得できた人だけ、本旨である第2章以降に進んでいただくのがよろしいかと思われます。では、どうぞ。

ある堅物の悟り

世の中どこにでも、いわゆる「堅物」というのがおりますね。真面目だけれど融通が利かん。自分の信念をテコでも曲げんという人物です。たいていの場合、このタイプは周囲になかなか歓迎されないことが多いようです。家庭にあっても、職場にあっても、残念ながら煙たがられる存在になりやすいのですね。

私の古くからの友人にも、すごく頭が良くて真面目だけど、「超堅物」と評判、そんなA君がいました。彼は、自分の考えが一番正しい、自分の判断に絶対間違いはないと信じ込んでいましたし、また口が達者なものですから、見ていて気持ちがいいくらいに周囲を言い負かしていました。

しかし、友だちは少なかった。「生意気なヤツ」「偉そうにしている」などと、どちらかというと嫌われていたようです。また、これは一般に若者の特徴でもあるのでしょうが、A君は体制に批判的な考えの持ち主だったものですから、学校の先生方もその扱いにはずいぶん困っておられたようです。将来は反社会的なグループのリーダー格になるだろうと、周囲は見ていたようですね。

とにかく、人のいうことに耳を貸さない。自分の考えがすべて。それを弁舌巧みに人に押しつける。自分の考え以外のものはバッサリ批判する。ま、見事といえば見事でしたけど、〝自分の思うとおりにいかんかったときに病気にならんかいな〟と私、友人としてよく心配したものです。

ところが、今では立派な中年になったA君、すでに決して「堅物」ではありません。まことにまぁるい人格者になったのです。びっくりしますよ。

若いときと違って、人の話によく耳を傾けるようになりました。すぐに議論をふっかけたり、批判したり、説教をしたりということが、まったくなくなったのですね。おかげで、今では周囲の信望もたいへん厚いものがあり、中規模の精神科医院を経営するまでにいたったというわけです。

しかし、彼の人柄が変わったのは、ただ単に年を取ったからということではなさそうです。どうやらそのきっかけは、心配していた心の病気になったことらしいのです。そして、それを機会に人生観というか、ものの見方というか、そういうものが変化したようなのです。

A君の述懐によりますと……

……ボクは病気になるまで、物事には絶対的な価値や正しい意味があると信じていた。たとえば、正直であることが大事だとか、努力が大切だとか、お金に執着してはいけないとか、他者に優しくしなければならないとか、他にも人間としての正しい生き方はこうだとかああだとか。山ほどの価値や意味にとらわれていた。そして、それは誰にとっても絶対的なものだと思っていたので、それと違う現実や人たちを見ると腹が立って仕方がなかった。いつも批判し裁いていた。嘆いていた。許せないと思っていた。イライラしていた。しかし、今はちょっと違う。もちろん今でも多くの価値や意味をもっているけど、それらは絶対的な真実なのではなく、いろいろあるなかからボクが選択したに過ぎないということがわかったんだ。以前は自分の考えが正しいと信じ切っていたけど、よく考えたら人によっていろいろ。世の中のこと万事、白といえば白、黒といえば黒。どうとでもいえる。なのに、あたかもそれが真実であるかのように、あたかもそれが現実であるかのように、各自の頭が勝手に思い込んでいるだけじゃないか。いや、大丈夫。決して人生投げやりになってしまったのではないよ。むしろ逆。昔に比べて、今はすごく楽に生きている。特定の意味にとらわれて生きる必要はないと思っている。自分は自分、人は人。いろいろあっていい。おかげで、腹も立たなくなって心が穏やか。

……A君、そんなふうに格好良く語るのです。

どっちが正しいなんて少しもこだわらなくなった。「真実」などというごたいそうなものはどこにも存在しない。本来「白紙」のものにいろいろな「意味」や「価値」を人それぞれ好き勝手に貼っつけただけだと、こう腑に落ちたというのです。彼はそのような転換によってたいへん楽チンな人生を手に入れたわけです。心穏やかになり、あれこれの苦しい症状からも解放されました。

「検尿コップ」と「病気」の意味

そういえば、数年前、A君の家に遊びにいったときにこんなことがありました。

「みんな、自分自身の貼っつけた意味に踊らされているんだよ。たとえば、今、君の飲んでる紙コップ……」と、A君、私の口もとをジッと見ます。

「実は検尿コップの使い回しなんだよ。でも、洗ってあるからご心配なく」

「ゲェーッ！　なにすんねん！　なにがご心配なくや！」私、慌ててゲロを吐きます。

「ハハハ、うそうそ、まったくの嘘八百！」A君、大笑いします。

「ホンマに嘘か？　どうも信用ならんな。ちょっと他のコップに替えてんか。……いや、それも怪しいもんや。もうエエ！　飲みモンはやめとく！」

私、怒り収まらずですが、A君、落ち着いたもんです。

「ほらね。君は今、意味に踊らされたでしょ」

「なんのこっちゃ？」

「その紙コップが汚いと意味したから、君はゲロを吐いたし怒りもした」

「当たり前やないか。汚いのに」

「どうして当たり前なの？　もし本当に検尿に使ったとしても、きれいに消毒してあったらそれでいいじゃないか。本当はもう汚くないのに、君の頭が勝手に汚いと判断しただけのことでしょう？　君の心が、君の貼っつけた意味が、君を踊らせたのさ。おまけに君は、ボクは信用ならない人間だと意味したことで、とうとう飲みもの全部を放棄した。なんてもったいないこと」

「なんか知らんが、小難しいこと言うなぁ……」

「所詮、世の中のことはすべてがこういうことだと言いたいだけ」

当時は〝キザなこと言いよるなぁ〟くらいにしか思いませんでしたけど、今思えば結構鋭いことを言っていたのですね。

そして、さらにA君、こんなふうにも言いました。

「世の中で当たり前とか、常識とかいわれていることについても、大勢の人が同じ意味に踊らされているだけなんだよ。みんなで一緒に同じ夢を見ているだけさ。だから、以前のように、それを言い負かしてやろうなどとは決して思わなくなった。なぜなら自分もただ違う夢を見ているに過ぎないということがわかったから」と。

A君がこのような悟りにいたったのは、入院中の経験が大きかったようです。

「いろんな症状でいろんな人が入院してくる。ある人はその病気になったことをとことん悪く思い詰めて、暗くなり、食欲も失い、ますます病状を悪化させていった。ところがある人は、その病気になったことを休養のチャンスと捉え、むしろナースを口説いたりしていた。そして、そんなヤツほど早く元気になってしまう。どっちも同じ病気なのに、与えられた意味が全然違っていた。ということは、病気そのものに固有の価値も意味もない」

そしてA君はさらに、あるものを白とも黒とも見られる能力があるのか、あるいは、それをどちらか一方にしか見られない程度の能力しかないのか、そのあたりが個々の人生のさまざまな「違い」を生んでしまうのだと察するにいたったようです。たとえば、病気になったことをとことん悪く思い詰める人も、病気になったことを休養のチャンスと捉える人も、どちらか一方の考えしか浮かんでいなかったとしたら、それはどっちもどっちだというのです。結果的にそれぞれの人の運命は分かれたのだけど、それは偶然の幸・不幸に過ぎなかった。場合によってはとことん悪く思い詰める人のほうが、早期発見・早期治療につながって、かえって幸運を呼ぶことだってあるかもしれないからです。もちろん、幸運・不運というのも、なにをもってそう呼ぶか、結局のところ意味づけ次第ですが。

現在、A君が最も高く評価するのは……

「病気をとことん悪くも考えられるし、逆に休養のチャンスとも考えられる。つまり、良くも悪くも考えられる。今はとりあえず、こちらの考え方を採用しておこう」などといった感じで、出来事に対する意味づけのいくつかを吟味したうえで状況に応じて選択できる能力だといいます。みずから意味を選択する。これがたいへん重要であるというのです。彼自身、今では病気にたいへん感謝しているようです。なんと、以前の自分と同じような堅物を見つけては、病気になってみることを勧めているようですよ。

地獄はあるか

だいぶ以前のこと、ある宗教団体の信徒が「地獄に落ちるぞ！」と一般人を脅す場面をテレビで観ましたが、きっとあの信徒たちは本気で「地獄がある」と考えていたのでしょう。「地獄なんかあるかどうか知らんが、とりあえず、脅しの効果はあるから今はあることにしておこう」などと考えているようには見えませんでした。

しかし、ひょっとしたら、その宗教の教祖や幹部連中は次のように考えていたかもしれません。つまり「地獄なんかあるかどうか知らんが、あることにしておくと、それを脅しに使って多くの人を入信させることができるぞ」などと。そして「ココは一つ、本当に地獄はあるということにしておこう」などと。

ハルマゲドンだって同じようなもんですわね。教祖にしてみたら「そんなもの、あるかどうか知らんが、とりあえず信徒集めのための脅しの役には立つ」ってなもんかもしれません。そして現実に、これに本気でビビッてその宗教に走った多くの人がいるわけです。

もちろん、信徒のなかにもミーハーなのがいて、「地獄もハルマゲドンも、あるといえばある、ないといえばない。しかしこれにビビッたことにして宗教に入れば、テレビでおなじみのカッコイイ教団幹部に会えるぞ！」などと考えて、「ココは一つ、地獄はあるし、ハルマゲドンも来る、ということにしておこう」と意思決定したかもしれません。これはこれで教祖顔負けの頼もしい御仁ではあります。

一方、「絶対に地獄などはない」と科学的な立場から反論する人もいます。しかし、この人たちもきっと、「本当に地獄があるかどうかは知らんが、とりあえず科学者という立場もあるし、また、信徒を脱会させると社会的貢献面で評価されるし、ココは一つ地獄など絶対にないことにしておこう」などとは考えていないようです。つまり、本気で「地獄など絶対にない」と考えているように見受けられるのです。

A君流にいえば、このケースの場合、多くの一般信徒も科学者も同じ穴のムジナ、同じレベルだということになります。つまり、地獄があるかないか、一つの考えに執着している。これは表裏の関係です。外見が、宗教か科学かの違いだけ。

そして、教祖や一部ミーハー信徒が「地獄なんかあるかどうか知らんが、自分の目的達成のために、とりあえずあることにしておこう」などと考えていたのであるなら、実はこの人たちが一番エライ！というわけです。いや、偉いかどうかは知りませんが。

この世の事象について、特定の意味や価値観にとらわれていない人たちは、何事においてもいろいろな角度から物事を見ますので、絶対的な真実、価値、意味の追求といったことを望みません。「理屈と膏薬はどこにでもつく」と考える人たちです。そして、「白でも黒でもなんでもあり」の前提のうえで、なんらかの意味決定と意思表示をします。「地獄なんかあるかどうか知らんが、とりあえず……」の段階です。あるいは、「病気をとことん悪くも考えられるし、休養のチャンスとも考えられるが、とりあえず……」の段階です。さて、どのような意味を採用しようかなと。白を選ぶのか、黒を選ぶのか。その基準はなんなのか。そこに個人の「意思」が働くわけです。

人はみな、時代や社会の常識・文化を背負っていますので、知らず知らずにいろんな「色」を押しつけられて生きています。しかし幸いなことに、多くのことに対しては自分自身で「色」を決めることができます。そしてまたお互いに、さまざまな「色」を他者に押しつけ合っています。自分と違う「色」を論破したくなり、時には憎しみをもつことさえあります。それらは「常識」「道徳」「伝統」

「宗教」「科学」「権利」「義務」「正義」「平等」「自由」「人権」、そして各種「理論」、他にもさまざまな枠組みで彩られていることでしょう。

いったん、全部疑ってしまいませんか。全部夢のなかの出来事であると。

マジックの高低についてのウンチク

大学での講義場面です。

手にしたホワイトボード用のマジックを頭上に高く持ちあげ、四〇人の受講生を前に、私が質問します。

「このマジックが高いところにあると思う人、手を挙げてください」

すると、三七人が手を挙げます。

「このマジックは低いところにあると思う人、手を挙げてください」

今度は二人が手を挙げます。

「それでは、高くもあり、低くもあると思う人、手を挙げてください」

残りの一人が手を挙げます。

「高いと思った人はどうして?」

「はい、それは先生の頭より高いところにあるし、私の視線より高いから」

代表者の答えに残り三六人が頷きます。

「低いと思った人はどうして？」

「（照れくさそうに）天井より低いから……」（場内くすくす笑い）

めげずにもう一人が、

「富士山よりは絶対低い！」（場内爆笑）

「それでは、高くもあり低くもある、と思った人は？」

「先生の頭より高いし、天井より低い。つまり、どこから見るかによって、どちらともいえるからです」

クラスに一人くらいは、こういう粋なことをスラスラ言う学生がいるものです。

「さて、多くの人が高いと思いましたね。だからこれ、普通の一般的な反応といえます。多数派、マジョリティです。しかし二人は低いと思いましたね。これ、少数派、マイノリティ。下手をすると天の邪鬼、へそ曲がりなどとマジョリティから呼ばれます（場内、笑い）。そして、一人だけ、高くも低くもあると思った人がいましたね。彼こそが一つの枠組みにとらわれない人。いわば人生の達人」

おぉ～っと場内どよめき、みんながその学生に拍手。彼も調子に乗って両手でVサイン。

「彼は一つの固定的なものの見方にとらわれなかった。ああともいえるし、こうともいえる、どっちゃでもええやんかと、こうなったわけです。それは決して投げやりではない。柔軟性があるということです」

「でも、それって風見鶏的存在だと思います」

女子学生から厳しい指摘が飛ぶ。

「そうそう、そこやね問題は……。どっちゃでもええやんかというのが基本だけど、場面場面、状況状況によって、どっちを取るか決めないといけないこともある。そして節操なくコロコロ自分の表明を変えていると、ご指摘のとおり、風見鶏だと責められる。だからこそ、明確な意思をもって自己の目的に沿うかたちで、『見方を選ぶ』という作業をせんといかんわけです」

「自己の目的とはどのようなものでしょうか？」

「グッドな質問じゃね。それ自体、いろんな視点があるけれど、煎じ詰めれば二つに一つですよ。自分のためか、誰かの利益のためか、どっちかです。ただ現実には、両方兼ね備えている場合や、はっきり区別のつかん場合もあるでしょうけどね。ちなみにさっきのキミ、三七対二の状況下で、マジックが高いか低いかはっきり意見を表明しなさいといわれたらなんとする？」

「えっ、ボクは……『寄らば大樹の陰』ということで、マジックは高いということにしておこうかな……」

（「ヤダァ」と複数の女子学生の声）

「おやおや、これでせっかくのファンを失ってしまいましたね。しかし、正直でよろしい」

「ちょ、ちょっと待ってください！　やっぱり弱い者の味方ということで、マジックは低いということにします！」

（女子学生から拍手）

「ハハハ、ややこしいね。弱い者の味方ということで『他人のため』であるようで、実は女子に好かれる『自分のため』という……。ま、それでいいんですよ、ハイ。……で、結局、本日の講義の最大のポイントはですね、世の中のことはすべてこのマジックの一件。観察対象は観察する人間によって姿を変える、意味を変える。まぁ、そういうこと」

第2章 セラピーの対象としての「枠組み」

中心軸

システムズアプローチ（以下ＳＡとする）と呼ばれている方法論があります。社会構成主義的なものの見方とシステム論、コミュニケーション論をベースにした現象理解のための一つの考え方、対人接近法の総称です。慣れてしまうとたいへんシンプルで役に立つ方法論ですが、伝統的な心理療法とはかなり考え方が異なるので、そちらを勉強していればいるほど、ＳＡの習得は少々難しくなるかもしれません。頭の切り替えができるかどうかがポイントです。今まで勉強してきたことを「絶対正しい」と考えている人には違和感満載だと思います。思考の柔軟性が試されます。一方、心理療法を初めて勉強する人にはそれほど違和感はないかもしれません。

とはいえ、ＳＡは他の心理療法と対立するものではありません。実際、ＳＡを行っている多くの人は、精神力動論的アプローチや認知行動療法の方法、あるいは家族療法やブリーフセラピーの技法を巧みに統合して、医療や教育・福祉の領域などで活躍しています。なにも心理療法に限定しなくても、医療全般における患者・家族への対応、学校教育における生徒・家族への対応、企業における顧客や社員への対応、その他ＳＡの活躍しどころは「どこでもあり」の「なんでもあり」なのです。

「なんでもあり」というのは、すべてを包含するけれども、そのなかのどれか一つに全面一致することはないという意味です。どのような考え方でも受け入れるけれども、どれも正しいとは思わない。正しいかどうかではなく、（事例ごとに）「その考え方が役に立っているかどうか」「役に立つような進め方がなされているかどうか」を評価するということです。煎じ詰めると、その人物が拠って立つ理論がなんであれ、その人自身がちゃんと援助職として役に立っているかどうかを評価するわけです。

SAでいうところの「役に立つ」とは、効率よく問題解決システムを構築できているかどうかということです（「効率よく」というのは必ずしも早いという意味ではありません）。下手をすると、援助者自身が問題持続システムの一員として機能している場合があります。

SAを説明する切り口はいろいろありますが、その最大の特色は、「問題はない」「問題の人はいない」と、本気で、考えていることです。これがSAの中心軸であり、そこが腑に落ちれば落ちるほどSAは上達します。

通常、人は自分自身や他者、人生上のさまざまな出来事を「問題」と見て悩みます。しかし、「問題」は単なる意味づけ・ラベリングの一つに過ぎません。

私たちは人生で遭遇するいろいろな事象に対して「問題である」と意味づけし、煩悶し、解決し、成長するといったパターンを繰り返します。これを問題解決システムが機能しているといいます。しかし、時にはそれを解決できず持続させてしまうパターンにはまってしまうことがあります。「問題」を一人で持続させていることもあれば、家族などの集団で持続させていることもあります。このような恒常的なパターンを問題持続システムといいます。「問題」が消失せずに続いている仕組み、あり方、全体像といった意味合いですが、たいへん幅広い概念なので、おいおい説明を深めていきたいと思います。

さて、ＳＡではこのような問題持続システムのありように応じて、個人面接になるのか家族合同面接になるのか、セラピーの形態が変わることが多いのですが、どちらにせよ本来「問題」はどこにもない、「問題の人」はいないと考えて、彼らに接しています。「問題探し」なんぞは論外です。ただし、少々ややこしい話ですが、「とりあえずこれを問題として」というスタンスを取ることはあります。見かけ上は「問題」扱いしているのでしばしば誤解を招くのですが、それらはすべて方便と考えて間違いありません。方便とは、ある目的（本書では問題持続システムの変更）のために用いられる便宜的手段のことを指します。たとえば、「幼少期の体験が問題」であっても「認知の問題」であっても「性格の問題」であっても「家族関係の問題」であっても「身体（脳）の問題」であっても「霊的な問題」であっても、なんであっても、それなりに方便としては成立しうるわけです。要は、その方便が問題持続システムの変更に役立つのかどうか。そこが重要なのです。もしも、本気で「○○が問題」と見ているセラピストがいたら、それは絶対にＳＡを行っているのではありません。きっと他のナントカ療法を行っているのです。もちろんそれが悪いといっているのではありません。ただし、ＳＡを真剣に学ぼうとしている人なら、「なにを本気になってるの？」などと先生にからかわれることでしょう。キーワードは「～であることにして」。これの使い方に慣れることがＳＡ習得のコツの一つといえるでしょう。

一例ですが、学生たちが、ある事例についてディスカッションしていたところ、ＳＡのことをまだ理解していない学生は「このクライエントさんは過剰適応である」と表現しましたが、SAを習得しつつある学生は「このクライエントさんが過剰適応であることにして」と言いました。私はとても嬉しく感じました。このようなちょっとした言い回しで、学生のSA習得度が見えてくるのです。学生の視点が切り替わってきたことがわかるのです。すなわち、前者は「過剰適応」が本当にあると思っている。そして、そのクライエントがそうであるのかないのか、評価（診断）が大切だと考えている。しかし後者は、クライエントの評価自体にこだわっていない。そもそも「過剰適応」といった「問題」はないと考えている。そうではなくて、ある状態に対して「クライエントは過剰適応である」との意味を方便的に利用するならば、次にどのような展開が期待できるのか。そこに関心があるわけです。もちろん「過剰適応」を「○○症」や「○○障害」など、他のなにに置き換えても同じことです。

また、SA的な家族療法を行う場合も同様です。まだ十分習得できていない学生は、たとえば「この家族関係は問題だから家族療法」と表現するところ、学習の進んだ者は「この家族関係が問題であることにして家族療法」と表現します。前者は本気で家族に問題があると思っている。後者は本当に問題かどうかは関心がないが、「問題である」ことにするとなにができるか。そこを考えようとしているわけです。逆にいうと、「問題でない」ことにするとなにが起きるのかといったことも考えます。やはりもちろん、「家族関係の問題」を「○○の問題」など、他のなにに置き換えても同じことなのです。

「クライエントの認知の問題」→「クライエントの認知の問題であることにして」、「トラウマの問題」→「トラウマの問題であることにして」、「心の病気」→「心の病気であることにして」等々、このような考え方が、ＳＡをしっかりと理解するうえでの肝であるといえます。「なんらかの問題（あるいは問題の人や問題の家族）は本当にある」と考えている人たちから見ると、ちょっと変な考え方なのです。

しかしそれでもなお、声を大きくしていうと、「問題はない」「問題の人（家族）はいない」。セラピストのこうした意識が高くなればなるほどＳＡはどんどん上手になります。ついでにいうと、私生活も楽になると思います。いささか宗教めいていると感じる人もいるようですが、ＳＡの名人はこのような境地にいるか、あるいはそれに近いところにいて、人生のさまざまな出来事を、それがどのようなものであれ、適時喜怒哀楽しながら、おおいに楽しんでいるようです。

「なにを言っとるんだ貴様は！　世の中に問題はいっぱいあるぞ！　問題の人間はおるぞ！　問題から目を背けてどうするのだ！」などと本気で腹が立った人は、間違いなくココでこの本とはさようならです。ごきげんよう（とはいえ、もちろん、そのようなあなたも「問題の人」ではありません。あっ、この本の著者も！）。

本書における「枠組み」の定義

初学者にＳＡを理解してもらうためには、実際は多岐に渡る理論を、なるべく数少ない用語でシンプルに説明することが有用であるようです。そのために本書で用いるキーワードは「枠組み」です。いささか大胆すぎるかもしれませんが、多様な現象を可能な限りこの「枠組み」一本で説明したいと思います。

本書で使用する「枠組み」の意味は、第一には認知的なものです。人の頭のなかにあるものです。自分自身、他者、世の中の事象、正義、善悪、生き方等々について、人それぞれにもっている捉え方・見方・考え方・価値観・準拠枠などのことです。これを本書では「認知的な枠組み」と表現します。

本書で使用する「枠組み」の第二の意味は、集団の機能の仕方です。人と人の間にあるものです。たとえばサッカーや野球のルール、職場の服務規程など、誰にでもわかるように明確に記されたものもありますが、無自覚的なコミュニケーションの相互作用のパターンや役割といったものものもあります。本書で扱う枠組みは後者であり、これを「関係の枠組み」と表現します。

「認知的な枠組み」と「関係の枠組み」は相互影響します。「認知的な枠組み」が「関係の枠組み」の基盤になるともいえるし、「関係の枠組み」が「認知的な枠組み」の基盤になるともいえます。鶏が先か、卵が先かの論点と同じです。「認知的な枠組み」が変わると「関係の枠組み」が変わりうるし、「関係の枠組み」が変わると「認知的な枠組み」が変わりえます。また、身の回りの複雑な現象は「認知的な枠組み」内に収まるように理解されがちです。同様に、「関係の枠組み」内でコトが収まるように出来事は進行しやすくなります。具体的にはおいおい説明しますが、「枠組み」にはそのような力があります。言い換えると、〝良きにつけ悪しきにつけ私たちのものの考え方や行動を縛るもの〟、それが「枠組み」であるということです。

さて、問題持続システムの変更がＳＡの目標であることはすでに述べました。その際、問題持続システムの一要素として当然「認知的な枠組み」や「関係の枠組み」は含まれています。そして、それらは比較的容易に発見できます。つまり、「認知的な枠組み」や「関係の枠組み」は目立つのでセラピーの直接のターゲットにしやすいのです（感情や身体などは扱わないという意味ではありません）。個人面接ではクライエントの「認知的な枠組み」をターゲットにすることが多く、家族合同面接などでは複数のクライエントの「認知的な枠組み」と、彼らが繰り広げている「関係の枠組み」を同時にターゲットにすることが多くなります。とはいえ、セラピーを受けるべき良くない「認知的な枠組み」や「関係の枠組み」が存在するのではありません。いわゆる「歪んだ認知」も「機能不全の家族関係」もSAの世界観では存在しません。そんな評価は大きなお世話、それはそれでいいじゃない。これが正直なところです。SAは（マジメに）認知を問題にしているセラピーでも（マジメに）家族関係を問題にしているセラピーでもありません。方便的に「それらを問題であることにして（あるいは問題でないことにして）」、そこから問題持続システムのあり方に影響を与えようとするセラピーなのです。そして結果的に、相談室や診察室に持ち込まれたところの「問題である」と意味づけられた現象そのものが消失する。あるいは「問題である」との意味が消失するわけです。つまり、問題解決する。そして、従前の問題持続システムの構成員であった個人や家族はおのずと次のステージに向かうと考えます。ただし、それが「成長」と意味づけられるものなのか、他の「〇〇」と意味づけられるものなのかはわかりません。そもそもSAでは、セラピーを受けた結果として人や家族が成長するかどうか、そこには関心がありません。そもそも成長ってナニ？　いや、成長なんかどうでもいいといっているのではありません。実際のところ、セラピーの経験を通して、思わず「成長」と意味づけしたくなるような変化を見せる個人や家族は実に多いものです。人はきっと本来的に「成長」に向かって進む生きものなのでしょう。ただ、そこはＳＡの目標ではないということです。

ところで、実際のセラピーはクライエントの「認知的な枠組み」とセラピストの「認知的な枠組み」が有機反応するプロセスであると考えます。思考と思考の絡み合い、思惑と思惑のぶつかり合い。つまり、セラピスト側の「認知的な枠組み」がどのようなものであるか、これはセラピーの進捗にとってたいへん重要な要素となります。それはまた、クライエント・セラピスト間のコミュニケーションの相互作用として自然と現れてきます。そして多くの場合、ある種のパターンとして観察できるようになります。これを本書では「治療関係の枠組み」と呼びます。このあり方もまたセラピーの進捗にたいへん強く影響しますので極めて重要です。よって本書では、クライエント側の「認知的な枠組み」「関係の枠組み」とセラピストの「認知的な枠組み」、そして「治療関係の枠組み」。この四つの枠組みを主として取りあげていきたいと思います。各々の見立て方を紹介しつつ、これらが複雑に相互影響して展開される様子をできるだけわかりやすく示したいと思います。そして、セラピストはこれら四つの枠組みにどのように対処できるか、なるべく簡便な方法をいくつか紹介したいと思っています。

本書における「クライエント」「ＩＰ」の用い方

心理療法・カウンセリングでいうクライエントとは、「心理療法・カウンセリングを受けに来る人」のことであり、来談者といった表現が一般的です。本書で用いる「クライエント」も来談者のことを意味します。この際、セラピーへの動機づけの有無は問いません。

ただし、伝統的な心理療法では主として個人を扱いますのでクライエントは通常一人ですが、SAではクライエントが一人である場合もあれば複数の場合もありえます。たとえば家族合同面接、夫婦面接、両親面接、母子面接などの場合、クライエントは来談している人たち全員のことを指します。

そのなかで、「問題の人」「患者」と他者から定義されている人物を、特に区別してIP（Identified Patient＝患者と認定された人）と呼びます。たとえば「A子の摂食障害が問題」として三人家族（両親、A子）が来談した場合、形式は家族合同面接（あるいは親子分離面接）で、クライエントは来談した三人全員であり、その内「摂食障害のA子がIPである」と表現します。たとえ面接の場が医療機関であっても、どれほど「病態・病理」が深刻に見えても、仮に治療経過でA子が入院したとしても、SA的にはA子は患者ではなくIPなのです。どのような状態であってもA子そのものに問題があるのではなく、対人相互作用のなかの一部として「A子の問題」が維持されているに過ぎないと見る、そのようなセラピスト側の意思の現れといえます。

「IP」は本来家族療法の用語ですが、「問題は個人のものではなく家族システムの反映である」とする家族療法の立場を象徴的に示しています。本書流に言い換えると、真に「問題の人」はどこにも存在しないけれども、「問題と意味づけられた人」は存在する。このようなものの見方をよく表しているともいえます。このIPという呼び名は実に味わい深いものなのです。そこを十分理解することなく、単に「患者」を「IP」と言い換えたに過ぎないような用い方をする人をしばしば見受けますが、これは実に惜しいことです。頭のなかは従来的な思考法のまま、用語だけ斬新なものを用いるというのはあまり格好の良いものではありません。もちろん必ずしも常にIPという用語を使用しなければならないということではありませんが、（特にSA初心者は）IPと呼ぶことでセラピスト側にSA的な思考法を賦活させる（思い出させる）、そのようなキーワードとしての利用をオススメしたいところです。

＊本書では、第3部の「ツボツボ式人格封じ込め大作戦」においてIPの呼称を用いてみた。

クライエントの「認知的な枠組み」を知る

ここからは枠組みについてもう少し詳しく解説していきましょう。まずはクライエントの「認知的な枠組み」から。

既述のように、認知的な枠組みとは、自分自身、他者、世の中の事象、正義、善悪、生き方等々について、それぞれの人がもっている捉え方・見方・考え方・価値観・準拠枠等々のことです。ものの受けとめ方や意味づけの仕方に関するその人なりの流儀のようなものです。自覚的であったり無自覚的であったりします。セラピストにもあり、クライエントにもあります。もちろん読者にもあります。各自が所持している枠組みに準拠して身の回りのことを観察し意味を理解するようになります。

認知的な枠組みは概ね以下のように生成され機能すると仮定します。

①「注目」する（注意・関心を払う）

私たちの身の回りには山ほどの情報があります。生まれてから今日まで、そして現時点においても、ものすごい量の出来事が目の前にあります（ありました）。ただ、その多くをほとんど無自覚的にスルーし、ほんの一握りの情報や出来事だけに注目して生きているのが私たちです。生まれてから今まであったことを全部覚えている人はいないはず。いやそれどころか、昨日の出来事でさえ全部思い出すことはできない。いや、五分前のことだってすべては思い出せない。しかし、しっかり覚えていることもある。大事なことは、その覚えていることだけが「私にとっての現実」であるということです。また同様に、ただ今自分の目の前にあることもすべてを見ることはできません。しかし、しっかり見えているものもある。やはり大事なことは、その見えているものだけが「私にとっての現実」であるということです。このように、覚えていること、見えているもの、あるいは聞こえていることなど、記憶や五官に触れることだけが、すなわち注意・関心を払えていることだけが、「私にとっての現実」の構成要素になるということです。

今、あなたはどこでこの本を読んでいるのでしょうか。もしも電車のなかなら、少し本書から目を離して、目の前に座っている人をじっくり観察してください。どんな人ですか？「帽子をかぶった髭面のおじさん」かもしれませんね。これで、あなたの現実に「帽子をかぶった髭面のおじさん」は初めて存在したのです。この観察がなかったなら、後刻「あなたの前に誰か座っていた？」と問われても、きっと「帽子をかぶった髭面のおじさん」はあなたの記憶から出てきません。すなわち、彼はどこにも存在しなかったのです。このように、注目の如何によって「あなたにとっての現実」は変わるということです。

②「意味づけ」する

私たちは覚えていることや見えていることなど、注目できたものに意味を与えることができます。ごく単純な例を示すと、「三日前、庭先で転んだ」出来事に注目し、「ドジな経験」と意味づけることができます（仮にこの流れをａとしましょう）。

③「意味づけ」は集合して「枠組み」を形成する

また、「二日前、財布を忘れた」ことに注目し「ドジな経験」と意味を与え（これもａ）、さらに「昨日、鍵をかけ忘れた」ことに注目し、やはり「ドジな経験」と意味づけました（これもａ）。そしてこのような同種の意味は磁石のように寄り集まってまとまりを形成し、「私はドジである」、あるいは「私は人生をうまくやっていけない」などといった認知的な枠組みを形成します（これをＡとします）。つまり認知的な枠組み（Ａ）とは注目した細かな出来事への意味づけ（ａ）の集合体であるということです。

④翻って、認知的な枠組みは「注目」と「意味づけ」に影響する（Aはaを決定する）

いったん「私はドジである（Ａ）」という認知的な枠組みができあがると、そしてそれが強固なものであればあるほど、今度はその枠組みが注目する出来事と意味づけに影響を与えます（aを決定します）。

過去から現在にかけて無数の出来事があるのにもかかわらず、たとえば「食器をひっくり返した」「お釣りをもらい損ねた」などといった、保持中の認知的な枠組み（A「私はドジである」）に合致した出来事に注目しやすくなり、おなじみの意味づけを与えるようになります（a）。逆にいうと、その人の認知的な枠組みに合わない出来事は注目されない、無視される、忘れられやすい、ということになります。このように、「注目↓意味づけ↓枠組み強化↓注目↓意味づけ↓枠組み強化……」といったパターンが増幅します。結果、日々その枠組みにふさわしい出来事ばかりが出現してくるように感じられる。実際はいろいろなことに遭遇しているはずなのに、自分の認知的な枠組みに合うことだけがクローズアップされやすく、合わないことには気がつきにくいからです。そして、自分には悪いことばかりが起きると確信するにいたる。そうであればあるほど、そのような現実にさらにいっそう注目してしまう。「思考（信念）が現実を作る」「環境は心の鏡」、あるいは「引き寄せの法則」などとスピリチュアル系の本に書いてあるようなことは、実はこういったパターンを指摘しているだけなのかもしれません。ともかく、このようにして、しばしばとんでもない「私にとっての否定的な現実」が作りあげられていくわけです。自分自身のこと、家族のこと、仕事のこと、対人関係のこと、人生のこと。コンテンツ（内容）は変われど、「注目↓意味づけ↓枠組み強化↓注目↓意味づけ↓枠組み強化……」のパターンは粛々と繰り返されるのです。

このように、実は主体的に、自分のもっている認知的な枠組みに合うように現実を構成しているのですが、実際の感覚としては、まるで「何者かに呪われた」かのように、あるいは「それが自分の運命である」かのように、そのような現実ばかりが立ち現れてきます。まさか自分の認知的な枠組みが現実を作っているとは夢にも思わず、「環境のせいだ。誰々のせいだ」と外部を呪うこともあるでしょう。所持している認知的な枠組みが強固なものであればあるほど、そして否定的なものであればあるほど、このような悪循環がさらに広がっていく。これは相当つらいことでしょう。この枠組みから自由になれれば、どれほど人生が楽になることでしょうか。

ＳＡでは（クライエントの認知的な枠組みを問題持続システム変更のためのツールとして選んだ場合）、セラピストはクライエントの認知的な枠組みを知り、それが変わるようなさまざまな働きかけを行います。しかしその第一歩は、ひとまずは現在の枠組みに合わせることから始まります。この作業をジョイニング（joining）といいます。クライエントの現状と波長を合わせることです。表出されるクライエントの認知的な枠組みにジョイニングしつつ（受け入れつつ）、その枠組みをさらに詳細に理解するよう努めます。

セラピストが「今日はどういうことでいらっしゃいましたか？」と問うことは、枠組み探訪の始まりです。多くの場合、クライエントはいわゆる主訴を語りはじめます。主訴を聴く行為はジョイニングの定石といえます。人によっては過去のことから長々と経過を説明する人もいます。そこで語られることがなんであれ、それを通してクライエントの認知的な枠組みを知ることができます。たとえば、「なにを、なぜ、問題としているのか」「人生や自分、他者への意味づけはどのようなものか」等々。

これらの片鱗はすぐに窺い知ることができます。

別に主訴を通さなくても構いません。たとえば自分の趣味を語りはじめたらそれを聴けばいい。クライエントの話しやすいテーマでいいのです。なにが語られようと、それを通してクライエントの認知的な枠組みを知るようにセラピストは努めます。どんな話題からでもなにがしかの枠組みを知ることが可能だからです。

セラピストが面接室での話題を特定する必要はほとんどありませんが、質問はしても構いません。たとえば、「私の人生は最悪です」といった枠組み（A）を提示するクライエントに「具体的にはどのようなことがあったのか」と問うてみる。「家族が嫌い」と語るクライエントに「具体的にどこが嫌いなのか。なにがあったのか」と問うてみる。具体的な体験に対してどのように意味づけを行ってきたのか（つまりａの展開）、関心をもって聴く。ａの集合体がＡであり、翻ってＡはまたａを決定する。このことをセラピストはしっかりと意識して情報を収集することが求められます。

また、ある枠組みの背後にまた別の枠組みが見え隠れすることもあります。たとえば、「私の人生最悪です」の背景に、「私は失敗してはならない」があるかもしれません。種々の認知的な枠組みは相互に連動します。

クライエントが、これまでの（あるいは現在の）人生上の無限の出来事のなかからなにを選択的に注目し、それにどのような意味づけをしているか。そしてその集合体として、「自分」や「他者」や「家族」や「仕事」や「人生」などに対してどのような認知的な枠組みをもっているのか。セラピストはそこに関心をもちます。それらがどのようなものであれ、クライエントの認知的な枠組みとその強度を理解しようとするのが、セラピーの第一歩であるということです。

クライエントの「認知的な枠組み」にチャレンジする

既述のように、ＳＡには「歪んだ認知」といった考え方はありません。人々の平均的な認知に対してクライエントの認知が「偏っているかどうか」「良いか悪いか」「正しいかどうか」といったことには興味がありません。そのように主張する人には適宜調子を合わせることはあっても、「認知の歪み」が種々の問題や症状の原因だなどとは（本心では）まったく思っていないので、それを理由に認知的な枠組みを変える必要を説くものではありません。これはＳＡを理解するうえで、特に認知療法との比較のうえで、非常に重要なポイントであるといえます。ＳＡにとっては、人がもつ認知的な枠組みなんて、実はなんでも良いのです。「私は罪深い」からこそ偉大な宗教家になる人もいれば、「私は普通の社会生活ができない人間」だからこそ天才的な芸術家になる人もいるわけです。あるいは「私は家事がなにもできない男である」と「私は男に尽くしたい女である」がひっつく。いささか乱暴な言い方をすれば、それがなんであれ現在の自分の所持する「認知的な枠組み」をうまく利用できさえすれば、人生それなりのものになるともいえます。また、問題持続システムのあり方を変えようとするのがＳＡですが、認知的な枠組みなんて実はその構成要素のたった一つに過ぎません。それにもかかわらず認知的な枠組みをセラピーのターゲットとして重宝するのはなぜかというと、それが問題持続システムのなかでひときわ目立つ存在だからです。つまりすぐに観察できる。セラピーの短時間化におおいに役立つ。問題持続システムを変えるためのたいへん便利な登山道の一つであるに過ぎないということです。なんらかの基準に基づき「不適切な認知」を「適切な認知」に変えるのが重要であるなどとはくれぐれも考えないように。SAではその種の評価はまったく不要なのです。

さてその前提で、クライエントの認知的な枠組みを変えるためにセラピストにできることはあれこれとありますが、ここでは初学者にオススメできる最もシンプルでよく知られた方法をいくつか紹介したいと思います。

注目するポイントが変わるような働きかけ

①例外をみつける、例外を問う

たとえば「私はドジである」との枠組みに縛られている人は、その証拠をいくつも挙げてくれます。なぜならその枠組みに合う出来事に注目することは日常茶飯事だからです。特技というと怒られるでしょうか。自由に語らせると、その枠組みを補強するような具体的なエピソードを次から次へと思い出してくれるでしょう。まずはこれに耳を傾けましょう。とはいえ、これを聴き続けているばかりでは、ジョイニング（波長合わせ）にはなっても新たなパターンを作ることにはなりません。

ジョイニングはほどほどにして、セラピストは意図的にその枠組みに合致しないような出来事・エピソードに興味をもち、そこに光を当ててみること。それが「例外をみつける、例外を問う」ということです。

たとえば、クライエントの語りのほとんどが「私はドジである」といった枠組みに合致するエピソードであったとしても、ひょっとするとごく稀に、その枠組みに合致しないようなエピソードが出現するかもしれません。セラピストはそこにアンテナを張っておくのです。そして首尾よく出現したらすぐにそれに注目する。そのエピソードに対して興味を示し、関連質問を行う。クライエントがその話題に乗ってくるのであれば、残りの面接時間を全部それに関連したやりとりに使っても構わないのです（もちろん、無理強いは禁物です）。

しかし、いくらアンテナを張っていても、なかなかそのようなエピソードが出現してこない場合もあります。その際は、セラピストから積極的に例外を問うてみることができます。これは「例外探し」とも呼ばれていて、有名な解決志向アプローチが得意とする技法の一つです。

具体的には、「例外的にあなたがドジでなかったことって、ありますか？」このような質問をします。もしもクライエントがそれを思い出そうとし、そして語りはじめてくれたら、その内容に沿って関連質問をどんどん繰り広げる。それにかかわるクライエントの語りの時間をとにかく増やす。このような心構えで会話をすることです。話が途切れたら、「他にはありますか？」とさらに例外に関心を示します。このように例外を質問し、クライエントの応答（語り）に興味を示す。そしてまた質問し、相手の語りに興味を示す。この単純な繰り返しだけで、相手の枠組みは変わりやすくなります。つまり、従来の認知的な枠組みに合致しないエピソードを思い出し語る時間が増えることで、クライエントの従前の認知的な枠組みに揺らぎが生じるのです。固かった枠組みが柔らかくなります。たとえば、「あれ？　私は必ずしもドジではない？」「私はドジであったりドジでなかったりする？」などといった具合です。注意すべきことは、このときセラピストのほうから慌てて「あなたは必ずしもドジではありませんね」などと要約して教える必要はないということです。そうすると、かえってもとの枠組みに押し返す場合が多いのです。むしろクライエントからそのようなセリフが出てくるのを待つのがよろしい。もしもそのようなセリフが出てきたら、「ほんとですね！」などとセラピストも〝びっくりして〟クライエントと一緒に笑えばよろしい。セラピストは新しい認知的な枠組みを教育的に示すのではなく、「揺らぎを作る」だけでいいのです。

もちろん、いつもすんなり新しい方向に会話が進むとは限りません。多くの場合、現状所持している認知的な枠組みは強固ですから、新しい枠組みへの移行はクライエントからの抵抗・反発をくらいがちです。面接は行きつ戻りつが通常です。すぐに従前の枠組みに縛られたエピソードが語られはじめてもがっかりしてはなりません。「はは〜ん、そうきましたか。じゃあその古くて固い枠組みにもう少しお付き合いいたしましょう」などと、決して口には出さぬものの、余裕をもってクライエントの話を聴くことが大事です。

②工夫を問う

「工夫を問う」とは、クライエントのサバイバル（生き残り）の方法に興味を示すということです。これも「例外を問う」と同じで、なかなか語られることのない現実に光を当てることで、クライエントの認知的な枠組みに揺らぎを作る質問法です。

たとえば、「私はドジである」といった枠組みが支配的であるクライエントが、その例証の一つとして「財布を忘れた」ことに注目しているとしましょう。そして「語り」にここで句読点が打たれているとしましょう（つまりエピソードがここで終わってしまっている）。しかし本当はこの「物語」には続きがあるのです。財布を忘れたところでジ・エンドなわけがありません。だからこそセラピストはそこに興味をもち、「財布を忘れた？　で、そのピンチをあなたはどのように凌いだの？」といった質問することができるのです。それがうまく入ると、クライエントなりの「サバイバルの方法・工夫」が語られます。たとえば「友だちに電話してお金を借りた」などと語られるかもしれません。そこにはクライエントの機転や行動力、助けてくれる友だちの存在が見え隠れします。クライエントの別の側面や資源を垣間見ることができるのです。セラピストはそこにおおいに興味をもちます。そして関連質問を繰り返します。その会話を通して、多くの場合、クライエントの固かった認知的な枠組みは揺らぎます。たとえば、「私はドジである」→「ドジなことはあれこれあるけど、なんとか乗り切っている私」などといったように。もちろんセラピストのほうから、「あなたはなんとか乗り切っているではないか」とか「良い友だちがいるではないか」とか「行動力があるではないか」などと、慌ててクライエントに教える必要はありません。セラピストは新しい認知的な枠組みを教育的に示すのではなく、やはり「揺らぎを作る」だけでいいのです。クライエントが行っている「工夫」を発掘すること。そして、クライエントがそれまで語らなかった資質や能力、社会資源などについて興味をもって関連質問すること。時には驚いたり感心したり笑い合ったりすること。なによりクライエントのペースに合わせること。このようにして質問（セラピスト）と応答（クライエント）が繰り返されるだけで、従前の認知的な枠組みが変化に向かう可能性が高くなるのです。

③円環的な質問を行う（相互作用を問う）

これは、たとえば「特定の人物の行動が問題である」という認知的な枠組みが強い人に対して、その人物や行動そのものに焦点を当てた質問をするのではなく、その行動の前後のコミュニケーションの連鎖を詳しく聞いてみることです。結果的に、「自分はその人物・行動に対処できる。自分次第である」といった新たな枠組みが形成される。そのような方法です。

具体例を示しますと、あるクライエント（父親）が「息子は興奮しやすく親に対して包丁を向ける。彼は○○病だ！」と訴えました。セラピストは、息子が興奮にいたるプロセス（出来事の順番）を聞きはじめました。すると、「父親と息子の軽い口論が始まり、徐々にそれがエスカレートし、父親が『あること』を口走ると包丁沙汰に及ぶ。すると父親が離れる」という一連の流れが明らかになったのです。とはいえ、セラピストは息子の行動の原因を知りたかったから根掘り葉掘り聞いたのではありません。コミュニケーションの連鎖、順番、展開といったことをセラピストが問い、クライエントが答える。この作業自体に大きな意味があったのです。実際、そのしつこくて丁寧なやりとりの末、クライエントとセラピストには「父親のかかわり方次第である。息子を興奮させないために自分に工夫できることがある」といった新たな枠組みが共有されはじめました。そしてついには、口論になったときの初期対応に関するアイデアを父親のほうからセラピストに提案するまでにいたりました。それは「軽い口論の段階で父親がその場を離れる」というものでした。その結果、息子の包丁沙汰はただちに消失し、クライエント（父親）はその後、息子へのかかわり方全般についていろいろな創意工夫を凝らすようになりました。セラピストは父親の工夫にただただ感心し驚きを示しました。こうして徐々に父親は親としての自信を取り戻し、もはや「息子は〇〇病である」必要はまったくなくなったのでした。

この方法も、「お父さんのかかわり方次第でなんとでもなりますよ！」などと慌てて教える必要はありません。クライエントからそのような方向で話を進めてくれる。それにセラピストが乗る。こうした展開を演出する意識をもつことが、いかにもクライエント中心風の、自然で無理のない面接を出現させることにつながるのです。コツは、できるだけ具体的で視覚的な場面に焦点を当てることです。やりとりが抽象的にならないことです。相談内容はなんであれ、「私は無力である」といった枠組みが強固でセラピストになにかとアドバイスを求めてくるタイプのクライエントに用いると、そのクライエントみずからが答えを見出す方向（「私にもできることがある」）に会話が広がる効果があります。

④外在化・影響相対化する質問を行う

「外在化・影響相対化」するとは、「自分の問題（自分が悪い）」と問題が内在化されている枠組みに対して、その「問題」を外部に取り出した形式で会話を進める一連の技法です。

たとえば、「私はドジである」と考えて落ち込んでいるクライエントに対して、第一歩として、

す。

「はい、そうなのです」とクライエントが乗ってきたら、「その〝考え〟は頻繁にあなたをやっつけに来るの？」、あるいは「その〝考え〟はどんな顔つきなの？」などと質問を広げることができます。会話が弾むと、「ドジ虫」だとか「ドッジちゃん」だとか、その「考え」にクライエントと一緒に名前をつけることもできます。そして、「ドジ虫」から悪い影響を受けなかった「例外」やその際の「工夫」などに関心を示す質問を繰り出すこともできます。あるいは「ドッジちゃん」とクライエント間の相互作用を問うこともできるのです。

場合によっては、その背景に「カンペキ虫」（失敗するとえらい目に遭うぞ〜！　などと脅してくる悪いヤツ）が親玉のように存在していることを二人で発見することもあるでしょう。さて、こいつの影響からどのように脱出するか、こいつとどのように付き合うか。やはりここでも「例外」や「工夫」「相互作用」を問う質問が活きてきます。

このような方法で、（内在化されている）「問題」を外在化する会話を徹底して試みると、クライエントの認知的な枠組みはたしかに変化します。たとえば、「私が本質的に問題」→「私が本質的に問題なのではない」。あるいは「私は無力」→「私にはできることがある」。いずれにせよ、それらはクライエントの感情に影響し、やがて周囲との関係にも変化が見られるようになるものです。

ただし、この方法を上手に用いるための重要なポイントがあります。それは、本書で何度も指摘しているように、ＳＡの根幹であるところの「問題の人」はどこにもいないといった観点がセラピストに（可能な限り）しっかり根づいていることです。あるのは「意味づけ」ばかり。「患者」ではなく「ＩＰ」が存在するのみ。そのようなものの見方です。

ところが、面接室では外在化に取り組む一方、楽屋裏では「このクライエントの内部にはかくかくしかじかの問題がある」と本気で評価することを好む人がいます。あるいは私生活においても、「Ａさんは問題の人」と批評（時に悪口・陰口）するのが好きな人もいます。つまり本来は問題を内在化させる志向性をもちながら、セラピーでは流行りの「問題の外在化」を行っているわけです（「患者」を表面上だけ「ＩＰ」と言い換えて使用している人と同じです）。稀に、このような矛盾をものともせず、「外在化はただの技法」と割り切ってすこぶる器用な振る舞いを見せる演技派セラピストもいますが、やがて自己欺瞞に耐えられず、「外在化の会話」がどこか嘘くさくてバカバカしく感じられるようです。きっと長続きしません。いやほとんどの場合、最初から外在化に対して苦手意識をもつはずです。公私に渡り問題を内在化させる志向性の強い人は無理して外在化技法なんかに近寄らないほうがいいのです。いやそもそも、ＳＡなんかにも近寄らないほうがいいのかもしれません。ちょっと嫌味ないい方をするなら、本当は「問題」や「問題の人」を作るのが大好きな人でもナンチャッテＳＡを行うことができますが、そんな人でも、外在化技法に出会うとたちまち正体がバレてしまうのです。その意味で、外在化が得意であるセラピストはかなりＳＡの本質が身についた人である。個人的にはそのように考えています。

ともかく、心理療法にもいろいろあるので、やはり自分の価値観に合ったものを学ぶのがベストでしょう。「問題」はある、「問題の人」はいる。ＳＡの世界観には合致しないものの、このように本気で信じるセラピストやセラピーもアリです。むしろそちらが世間や業界の「常識」です。決して無理に新しいものに飛びつく必要はありません。

また、外在化が良くて内在化が悪いなどといった一般論にすり替えてはいけません。こうなると、内在化型の心理療法がダメであるかのような錯覚が起きます。あるいは、「問題」はある、「問題の人」はいる、このように考えるセラピストを一段低く見てしまう可能性さえ生まれます。とんでもありません。「問題」はない、「問題の人」はいない、こんなことが哲学になるのはむしろSAだけの風変わりな世界であると考えたほうがいいでしょう。決して「高級」なわけでも「進歩的」なわけでもない。ただSAにとっては「当たり前」であるというだけのことです。

外在化の話に戻ると、SAでは、問題持続システムの一部としての「内在化と呼びうる認知的な枠組み」を見立てたので、その枠組みの変更を目的として、外在化と称する会話をクライエントとともに行っているだけのことなのです。逆に、クライエントによっては（あるいは状況によっては）、「問題の内在化」ができて初めて問題解決システムがしっかりと機能するといったことも当然ありえます。すなわち、「問題の外在化」が従前の問題持続システムの一要素となっていると見立てたので、かえって「問題の内在化」を狙って会話する。そして「問題の内在化」をさらに深奥まで進める。いわば「クライエントが自身の問題を深く深く見つめる」。そのような会話を深め、新たな展開を作りあげていく。このような形式のSAもありえるということです（もちろんこの場合も、本当にクライエントに「問題」があるとはSAでは考えません。「問題があることにして」なのです）。

セラピーにおける内在化的な対応と外在化的な対応、どちらが良い悪いの問題ではありません。外面はどのような形式であっても、問題持続システムの変更を目的としているのならば、それはすべてＳＡであるといって良いのです。「現状のパターンを変える」ためには「利用できるものはなんでも利用する」。このような縦横無尽性がＳＡの本領なので「あれは良いけど、これはダメ」的な発想をもつと、セラピーの幅がとても狭くなるのです。「どちらも（なんでも）ありだけど、今はどちらを（なにを）採用する?」。ＳＡを行っているセラピストの頭のなかを開陳するなら、ほとんどの時間はそんなことを考えているのではないでしょうか。

⑤新しい意味を付与する

これはクライエントの意味づけに対してセラピストが「言い換え」をすることです。「例外や工夫を問う」などに比べると少々難しくなります。「例外・工夫」などの場合は基本的にセラピストは質問すればいいだけなのですが、そしてそのやりとりを通してクライエントが（みずから）認知的な枠組みを変更してくれる（緩めてくれる）のですが、それに比べると、「言い換え」の作業はヘタをするとセラピストの押しつけ感が強く出てしまいます。

そのなかで、初級レベルの方法として、「肯定的意味づけ」と呼ばれている技術があります。否定的なニュアンスを付して与えられた意味を肯定的なニュアンスを含むものに置き換えることです。「私は決断力がない」と語る人には、「あなたは慎重な人なのですね」と返すことが可能です。「いい加減な人間なのです」は、「おおらかな人なのですね」と返すことが可能です。万事何事ものは言いよう。慣れてくるとどんなことでもほとんど反射的にポジティブに言い返すことができるようになります。そして、クライエントがそれを受け取るかどうか、反応を観察します。ここがたいへん重要なのです。肯定的意味づけがすんなりと入れば、それは、その部分の認知的な枠組みが比較的緩かったのかもしれません。入らなければ、その認知的な枠組みが強い（固い）ということがわかります。固いところは、とりあえず介入回避するのが無難です。わざわざ険しい道を通らなくても頂上には必ずいけます。無理強いや説得は（特に初学者には）愚の骨頂。その意味では、既述のAではなくaに対して一つずつ肯定的意味づけを行おうとする意識をもつことは、肯定的意味づけが上手になるための大きなコツの一つであるといえます。それはたとえば、「私は決断力がない」といった枠組み（A）をいきなりターゲットにするのではなく、その枠組みを構成している「小さなエピソードと、それへのクライエントの否定的な意味づけ」（a）を聴き出してから、それに対して、（たとえば「慎重に考えたのですね」といった具合に肯定的意味づけをする。そして、また一つ別のエピソードを聴き出しては肯定的に意味づけする。このような丁寧な繰り返しが自然とaの集合体であるAの変化につながるということです。特に初学者は一足飛びを狙わずに、小さなことからコツコツと。

また、反射的に返せるようなタイプのものではありませんが、クライエントとの会話を少し広げて他の肯定的な要素を引き出したのちに、それを利用して（関連づけて）肯定的意味づけを行う方法もあります。たとえば「私はドジである」→「自分のドジを友人が助けてくれた」→「ドジであるからこそ良い友人に恵まれるようになった」。「夫が子育てを協力してくれない」→「だから自分が頑張っている」→「あなたが有能だから夫はあなたに安心して任せている」。このような展開です。もちろん、やはりゴリ押しはしない。認知的な枠組みのなかの比較的弱い（柔らかい）ものからターゲットにする。そしてクライエントがその肯定的意味づけを受け入れてくれたかどうか、慎重に反応を観察する。それがセラピーを無理なく自然と進めるためのコツなのです。

肯定的意味づけの真骨頂は、「あなたは（あなた方は）今のままで良い」、このメッセージを届けることに尽きるといっていいでしょう。その認知的な枠組みの変化が問題持続システムを大なり小なり揺るがせることは間違いありません。なぜなら、「あることを『問題』だと見て（それなりに）変えようと努力するけれども変わらない状態」、これが問題持続システムの本質的なありようだからです。見方を変えるか、努力の仕方を変えるか。大きく分ければこのどちらかが問題持続システムが変わることにつながるということです。

次に、中級クラスの技術ですが、必ずしも肯定的な言い換えではないけれども、考えようによっては否定的な印象すらあるけれども、あるセラピーにおいては核心となるような言い換えもあります。たとえば、「夫は子育てを協力しない」が「あなたが夫を甘やかしているのだ」。あるいは「父親は頑固者」が「父親は変化に弱い人」。これらもやはり、新しい意味を共有していく（練りあげて落とし込んでいく）会話のプロセスがたいへん重要です。このような新しい意味作りを意図した一例を第２部のＨ氏の夫婦面接に示しましたので、ぜひそちらを参考にしてください。

さらに、これはかなり上級クラスの技術ですが、セラピスト側からの心理教育的な指導も、クライエントの認知的な枠組みを変える手続きの一つであるといえます。たとえば「不登校は子どもの性格の問題」、あるいは「子育ての失敗」といった認知的な枠組みを、「単なる条件づけの問題」「脳の問題」「虫がついただけ」「Ｐ循環・Ｎ循環の問題」等々に、方便的に置き換えてしまうことが可能です

（第3部で登場する「虫退治」や「P循環療法」はまさにそのような事例です）。ただし、これらはセラピストの説得力・説明力・講義力などといった能力が求められるので、誰にでもできる方法であるとはいえません。口達者な人向け。その意味で上級クラスなのです（初級者はやはり「質問」から入りましょう）。

このように、初学者向けから上級者向けまで、「言い換え」の技術は多岐に渡りますが、共通して重要なことは「クライエントに届くこと・入ること」であるといえます。新しい意味が届いて入るからこそ、従前の枠組みが変わる可能性が生まれるわけです。「会話の運び方」は極めて重要。そこを少しでも感じ取っていただけるよう、第2部では逐語録を三本掲載しましたので、じっくり読み込んでいただけると幸いです。お楽しみに。

クライエントの「関係の枠組み」を知る

次に、クライエントの関係の枠組みについて述べたいと思います。

既述のとおり、クライエントは単数の場合もあれば複数の場合もあります。単数の場合は、クライエントの認知的な枠組みは知ることができますが、関係の枠組みはそもそも存在しませんので観察不可能です（正確にはセラピストとの関係の枠組み、すなわち治療関係の枠組みは成立します。これについては後述します）。クライエントの関係の枠組みといった場合、最低二名以上のクライエントが面接室に存在する必要があります。その人たちがセラピストの目の前で繰り広げるコミュニケーションのパターンや役割、力関係などといったものをクライエントの関係の枠組みと定義します。

クライエントが複数いる面接状況というのは、多くの場合、その人たちは家族であると思います。もちろん、時には学校の先生や職場の人たちがクライエントの一員として同席している場合もありますが、ここでは家族合同面接の場面を例にとって、その枠組みの理解の仕方を説明しましょう。

クライエントの関係の枠組みは、セラピストによる「観察」と「評価」、この両輪によって理解され、表現されます。

たとえば「両親と子どもが面接室で着席。中央に子どもが座り、その左右に両親がそれぞれ座った」。これは視覚的な「観察」から得られた情報です。「評価」とは、その観察に基づき、たとえば「両親はなんらかの葛藤状態にあり、子どもはその仲介役をしている」などと意味を与えることです（解釈することです）。同じ観察から「子どもの問題で来たので子どもを中央に座らせたに過ぎない」と意味づけすることも可能です。評価（意味づけ）は人それぞれであるといえます。

たとえば「中央に母親が座り、その左右に子どもと父親が着席した」。この観察情報に基づき、「父親と子どもの間には葛藤があり、母親がその調整役をしている（子どもを父親から守っている）」と評価することができます。しかし同じ観察から「母親が最も積極的で、また雄弁に問題を語れる人物なのであろう」と評価することもできます。

他にもたとえば、面接中「母親と子どもはよく会話するが、父親はほとんど話さない」ことを観察し、「母親と子どもの距離は近くて父親は遠い」などと評価することができます。あるいは、「父親が話すと母親と娘が盛んにアイコンタクトを交わす」ことを観察し、「母親と娘は父親に対してなんらかの連合関係にある」などと評価することができます。もちろん他の評価も可能です。

ＳＡが上達すると、さらに観察がきめ細かくなります。自分の目の前で繰り広げられているコミュニケーションの順番を追うことができるようになるのです。

たとえば、「母親が○○すると父親も○○し、次第に父母が○○をエスカレートさせるが、ある特定のタイミングで子どもが××すると父母が○○をやめる」。このように一連のコミュニケーションの流れ（パターン・連鎖）が観察できるようになってきます。そしてこの観察に基づき、「子どもは両親に巻き込まれていて三角関係化している」とか、「子どもの××は両親の○○のエスカレーションを回避することの役に立っていて素晴らしい」とか、「子どもは××で両親の関係が深まることを邪魔している」とか、さまざまな評価ができるようになってきます。

評価とは観察された現象をもとにあれこれとイメージを膨らませて意味を与えることなので、同じ観察に基づいても人によって真逆の評価となることがしばしばあります。同じ現象に対して、「役に立っているから続けて良い」「邪魔しているからやめたほうが良い」。どちらの評価もアリなのです。

このように、ＳＡでは観察と評価のコンビネーションによって、クライエントの関係の枠組みを刻一刻と仮説化していきます。その際、観察されたものは誰にでも共有可能である客観的な情報なので、クライエントに関する間違いのない情報であるといえますが、評価（意味づけ）されたものはセラピスト各々によって異なるので、あくまでクライエントに関する（セラピストの）主観的な情報です。しかしどれほど主観的な情報であっても、それが客観的な観察に基づいたものでさえあれば、評価は個々のセラピストの自由裁量の範囲です（セラピーにとって効果的であることが前提です）。面接室において、刻一刻、なんらかの評価ができるからこそ、その後の面接の方向性が決まるのです。ぼーっとしていると面接の流れについていけません。

ともかく、セラピストは「単に自分の意味づけで動いているだけである」と自覚しておく。そこが一番大事な点であるといえます。自分の評価が絶対的なものであるとか、ある評価が一般的に正しいとか間違っているとか、そのような視点にとらわれているセラピストは二流です。自分の評価に執着があると足踏みのもとです。「いろいろと評価が可能だが、とりあえず今はこっちの評価を採用しておこう」。このような方便的な視点が重要なのです。「今この場面において、私の行った評価は、このセラピーの進行の役に立っている」とセラピストが実感できていることは、その評価が有益である可能性が高いことを物語っています。「あれれ、役に立たないや」と判断したなら、そのような評価はすぐに捨てれば良いのです。

しかし、観察に立脚しない評価でクライエントの関係の枠組みを仮説化するのは、（原則として）ご法度です。スーパービジョンの場面で、もしも学生が「夫婦連合が形成されておらず、母子が連合して父親と対立しています」などと言おうものなら、バイザーからは「その評価は観察した情報に基づきますか？　単なる君の妄想ですか？　観察したのならローデータを示しなさい、妄想ならやめなさい」。このような厳しい指摘が飛ぶことになります。なによりもまず、観察可能なデータが大事。そのうえで評価が連動し、クライエントの関係の枠組みの仮説化が刻一刻と進むのです。面接中ずっと、役に立つ仮説を求めて、修正・調整を繰り返しているのがＳＡです。

また、これは非常に重要なことですが、ＳＡでしばしば見られる勘違いの一つに、個人面接を通してクライエントの関係の枠組みが仮説化できるという誤解があります。

とんでもない。直接観察せずに関係の枠組みが仮説化できるわけがありません。また、実際はそんな必要もありません。

たとえば、子どもの引きこもりで悩む母親がクライエントであるとします（個人面接）。母親は「父親が子どもにかかわってくれない」と、いくつものエピソードを挙げながらセラピストに訴えたとします。それを聞いたセラピストが、「母親と子どもが密着していて父親が遊離している家族関係だ」などと関係の枠組みを評価したとしましょう。実はその評価は大きな間違いなのです。評価は観察に基づく必要がある。そもそもこのルールから外れています。「父親が子どもにかかわってくれない」という、母親の認知的な枠組みに過ぎないものに影響を受けすぎて、一度も観察していない関係の枠組みまでセラピストは妄想してしまったのです。これを、「セラピストはクライエントの認知的な枠組みに巻き込まれた」と表現します。

客観的な情報はなにもない。関係に関してはなにも観察していない。そもそも目の前に「ない」のだから観察できるわけがない。認知的な枠組みも関係の枠組みも、枠組みはなんであっても、まずは観察可能（セラピストの五官で捉えられるもの）であることが大事なのです。

今の例の場合、観察できたものは母親個人の認知的な枠組みだけであり、この家族の関係の枠組みに関しては、母親がそれをたとえどのように語ったところで、実のところまったく藪のなかです。そのようなものに意識を向ける必要はありません。目の届かないところを妄想するのではなく、常に眼前の母親の認知的な枠組みにのみ注意集中し（虐待が疑われるなど、一部例外はありますが）、そこを見立てて介入を行う。その結果、母親の認知的な枠組みが「父親が子どもにかかわってくれない」→「父親も子どもにかかわってくれている」に変化したなら、それに連動して、実質的に関係の枠組みも変化していることが期待されるのです。とはいえ、それでは実際のところどのように関係の枠組みが変化したのか、やはりそれについてはさっぱりわからない。母親がどう語ろうが、本当のところはやっぱり藪のなか。しかしそれで良いのです。そんなところ（観察不可能なところ）は最初から最後まで見立てるべきポイントではありません。事例論文では、せいぜい考察の章で妄想ごっこをする程度のことです。専門家の知的遊戯の一つです。ともかく、母親の認知的な枠組みが一番大事。これに注意・集中するだけで十分なのです。

ここまでくどくど述べても、どうしても母親の語りを通して家族の関係の枠組みに意識が飛んでしまうというあなた。あなたのためにもう一度はっきり申しあげましょう。眼前で観察されるものでない限り、そのようなものはそもそも始めから、「ない」のだと。

SAの本領は、セラピストの目の前にあって観察可能なもので勝負すること。面接室の外のことに気を取られない（観察できないものにこだわらない）。ぜひこの意識を維持してください。そしてそれはまた、今ここへの集中力を、うんと高めてもくれるはずです。

＊ただし例外として、コミュニケーションが生起する順番を詳細に問うた際、複数のクライエント（たとえば家族全員）の報告が一致していた場合、ある程度は関係の枠組みを理解することが可能です。ただし、それでもやはり大雑把な捉え方であることは間違いありません。なぜなら、「ちょっとした目配せ」や「ちょっとした息遣いの変化」まで委細漏らさず報告してくれることは通常ありえないからです。しかし実際には、そのようなノンバーバル・コミュニケー

ションこそが重要な関係の枠組みを表していることが多いのです。やはり観察に勝るものはありません（ところで、SAの達人級になると、経験や直感だけでパパッと見事に見立ててしまう人がいます。しかしこれは超例外であり、決してそのようなものを基準にしてはいけません）。

クライエントの「関係の枠組み」にチャレンジする

既述のように、クライエントの関係の枠組み（コミュニケーションの相互作用からなるパターンや役割）に本来的な良し悪しはありません。本質的に「問題である関係の枠組み」はそもそも存在しません。さまざまな評価（意味づけ）が存在するのみです。観察にあたっては、いろいろな評価からいったん離れておく必要があります。色眼鏡を外したうえで、クライエントの関係の枠組みを観察します。これが中立であるということです。

関係の枠組みはあれこれ観察できますが、それらはすべて眼前の問題持続システムの一要素です。なので、どこから取り組んでもやがてドミノ式に全体に波及します。そのような前提で、セラピストはどれを扱うか決心します。しかしそれは、必ずしも臨床心理学的な言説（母子分離、過保護・過干渉、自立、親役割、世代間境界等々）を基準にして決めるわけではありません。それらは参考にはなっても決定因にはなりません。そのようなものにとらわれると、とんでもなく「難しいところ（硬いところ）」に手を出すことになりかねないのです。

そうではなくて、セラピストから見て「変わりやすく思えるところ」「扱い慣れたところ」、このあたりを一番重要な決定因としたいところです。なるべく簡単そうなところをターゲットにし、そこで変化を作ることができると、あれほど難しそうに見えていたものも連鎖反応的に変化するのです。家族療法が上手な人たちはみな、このあたりの選択眼が優れているように思えます。逆に、家族療法で伸び悩んでいる人は、誰にとっても「問題」に見えるようなところにわざわざ飛び込んで悪戦苦闘している場合が多いようです。「問題」に見えるから、それをなんとかせねばと考えてしまうのです。そのような人たちはもう一度、「問題」はない、「問題の人」はいない、「問題の関係」はない、このSAの中心軸に戻ってほしいと思います。あるのは意味づけだけなのです。

とはいえ、「その関係の枠組みが問題であることにして」、面接が進むことはあります。しかしその場合も「本当に問題だ」などとは考えてはいけません。あくまで方便なのです。もしも「本当に問題だ」などと考えはじめると、その段階でセラピーは膠着しやすくなります。セラピストが頭のなかで「問題」を作ると、それが諸々のコミュニケーションに反映され、現実場面でも「問題」が構成されやすくなるのです。まるで思考が現実を作るがごとくです。何度でもいいますが、「問題の人」がいないのと同様、「問題の関係」はどこにもない。意味づけ（評価）があるだけ。そのようなものの見方をしっかり意識する。このあたりが身につくと、セラピーは本当に、確実に、上達します。

さて、クライエントの関係の枠組みにセラピストが変化を与えようとする場合にも、まずはジョイニングの作業が必要になります。ジョイニングには、「参加する」「仲間入りする」「同じ土俵に乗る」などといったニュアンスもあるのです。前述のとおりこれがうまく進むかどうかで、セラピストの影響力はまったく違ったものになります。復習にはなりますが、クライエントの認知的な枠組みを変えようとするなら、まずは現状の認知的な枠組みに合わせようとする動きがセラピストには求められます。クライエントの話をよく聴き、現状に対して「共感的」である姿勢を示す必要があります。ここをおろそかにすると、クライエントはセラピストに対して良い感じをもちません。「心を開いてもらえない」「ラポールが形成できない」などといったことになりがちです。それと同じように、複数のクライエントを相手にする場合でも、眼前に展開されるクライエントの関係の枠組みに、まずは合わせることがたいへん重要かつ有効な作業となるのです。

クライエントの関係の枠組みに合わせる能力は、特に家族療法（家族合同面接や夫婦面接など）を行う際には必要不可欠なものといえます。たとえば初回面接で、家族メンバーの誰が社会的な窓口として機能するか。すなわち「挨拶」や「社交辞令」などを誰が率先して行うか。こういったことにセラピストは注意を集中します。仮に父親がその役割を取るのであれば、セラピストは父親を中心にした社交場面を演出します。

しかし、しばらくして話題が変わる際（たとえば主訴を聞く段となり）、セラピストはあらためて参加者全員をまんべんなく見渡しながら、「今日はどういうことでいらっしゃいましたか？」と尋ねるのが通例です。すると今度は、母親が「問題」を教える役割を取ろうとするかもしれません。それを見て、セラピストは、まずは母親から話を聞く姿勢を見せます。

このような一連の動きは、セラピストがクライエントの関係の枠組みを大切にしていることの証拠だといえます。目の前で展開されるクライエントの関係の枠組みに関心をもち、よく観察し、知ろうと努めること、それに敬意をもつこと（まかりまちがっても批判しないこと）。そして積極的にその枠組みに溶け込もうとすること。つまり、家族の役割やコミュニケーションのパターン・ルールに沿った動きをセラピスト自身が率先して取ること。こうしたことがテキパキできるようになると、家族療法の分野では「ジョイニングが上手」と誉められるようになります。実際、家族はこのようなセラピストに信頼を置くものです。

ところで、過日某所で家族療法のワークショップを行ったのですが、参加者の一人から次のような質問を受けました。

「いわゆる『家族関係』と『家族関係の枠組み』はどこが違うのですか」と。

そこで、ぶっつけ本番でロールプレイをすることにしました。他の参加者に家族を設定してもらい（父親、母親、子ども）、その質問者にセラピスト役をお願いしました。

ロールプレイでは、子どもが非行気味で両親が困っており、しかし子どもは父親をうるさく思っているといったことが語られました。セラピスト役はたいへん上手に面接を進めました。家族三人への配慮がいき届き、受容的な雰囲気に満ちていました。

ところが、途中、ちょっとしたことがきっかけで父親と子どもが口論を始めたのです。するとセラピスト役は急に落ち着かなくなりました。口論はしばらく続いたのですが、両者の中央にいた母親が「あなた、いい加減にやめてください」と小声で父親を諭すと、口論は終わりました。

ここで私はロールプレイを中断させ、セラピスト役に尋ねました。

「今、なにを考えていましたか？」

「父親と子どもが口論を始めたので、どうしたらこれをやめさせることができるかと考えていました」

「なるほど、家族関係を大切にしたかったのですね？」

「そうです。私のせいで家族関係が悪くなったらどうしようと思いました。だからちょっとハラハラして、落ち着かなくなりました」

「私はわくわくしましたよ。そして、自分が止めようなどとは夢にも思いませんでした」

「？・？・？」

「関係の枠組みを観察するチャンスが到来したからです。そして、あなたが口論を止めてくれなかったおかげで、父親と子どもの口論を母親が止めるというコミュニケーションの連鎖を観察できました。この連鎖がおなじみのものであるなら、これを家族の関係の枠組みの一つと見ることができるのです。ここをしっかり観察できておれば、次に父親と子どもが口論を始めたときに、セラピストは先手を打って母親に仲裁を依頼することもできるわけです。『お母さん、二人を止めてもらっていいですか』って。これは関係の枠組みに合わせるということです。つまりジョイニングです。もしも家族関係を大事にするあまり、セラピストであるあなたが父子の口論を止めていたら、決して今のような関係の枠組みは観察できていなかったことでしょう。『家族関係』と『家族関係の枠組み』の違いは、たとえば今のようなことなのです。『家族関係』というと、良いとか悪いとか、そのような道徳的な評価がついて回る印象がありますが、『家族関係の枠組み』はコミュニケーションのパターンあるいは暗黙のルールといったものに過ぎず、道徳的な評価はなじみません」

さらに講義は続きます。

「あなたが止めなかったおかげで、関係の枠組みが観察できました。とはいえ、はらはらしていたわけですから、あなたはきっとその現象をネガティブなものとして意味づけしていたのでしょう。その点、ひょっとすると母親もあなたと同じだったのかもしれません。もしも父親と子どものやりとりに対する意味づけが変われば、母親はそれを止めなくなるかもしれませんね。たとえば『父子のやりとりは危険』→『男の子の成長にとって必要なやりとり』などというように母親の認知的な枠組みに変化が生じれば、母親は父親と子どものやりとりに口を挟まなくなるかもしれない。つまり関係の枠組みに変化が生じる可能性が生まれる。このように、認知的な枠組みと関係の枠組みは連動するのです」

関係の枠組みを変えようとするとき、それに先だって、認知的な枠組みを変えようとすることは通常のことです。たとえば今のように、父親と子どもが口論すると、それを母親が制止し、すると父親がその場を離れるという関係の枠組みがあるとしましょう。その背景に、「父親は子どもに害を与える」という母親の認知的な枠組みがあるとしましょう。もしも、セラピストがその関係の枠組みを変えたければ、まず母親の認知的な枠組みに対して働きかける。たとえば、「男の子は父親とかかわることで成長するものだ」といった具合に。その前段階で、母親の同胞・知人などで「父親とあれこれやり合いながらも立派に成長した男性がいる」などといったこぼれ話の一つでも聞き出せていたなら、これはもうたいへん用意周到な運びといえましょう。引き続き、「ここは一つお父さんに任せてみませんか？」などと提案し、父親と子どもの交流を「今ここで」促進することができる。それでもしばしば従来の関係の枠組みが出現してきますので（つまり母親が口を挟みそうになるので）、それをセラピストは「今ここで」ブロックする。このような作業の積み重ねで、関係の枠組みを変えることができるわけです。家族合同面接や夫婦面接、母子面接などでは、このように認知的な枠組みと関係の枠組みを連動させることを意識した働きかけがたいへん有効であるということです。一連の組立て（運び）が大事であり、強引に変えようとしても、決してうまくいくものではありません。

しかし、もちろん技法はいろいろですから、常に関係の枠組みに先だって認知的な枠組みを扱わなければならないというわけでもありません。たとえば、父親と子どもが「口喧嘩」を始めたらセラピストが母親にマスクを手渡す、などといった介入を行うことも可能です。「マスクを渡す」ことが「黙っていなさい」といったメッセージになることを期待しているわけです。暗喩です。ちょっと派手で、いかにも技法的なので、家族療法のワークショップなどでこういう振る舞いを見せると参加者には大ウケします。しかし実際のセラピーでは、このような介入が母親にうまく届かなかった場合、枠組みの変化には一切つながらないどころか、下手をすると母親を傷つけるだけで終わるかもしれません。このような小道具を使うにしても、やはり効果をあげるための段取りがあります。たとえば、そこまでの面接経過で、母親が「父親と子どもの口論に口を挟まないほうがいい」と頭ではわかっていても（母親の認知的な枠組みは変わりつつあっても）、実際のやりとりではついついそうしてしまう（結局関係の枠組みは変わらない）。まさにこんな場面で、ポンとマスクを渡せたら、これは素敵な介入になりそうです。あるいは、セラピストと家族の間で「マスクをしていると話がしにくいものだ」というようなやりとりがすでにどこかでなされていて、その流れの先にポンと母親にマスクが渡せるタイミングがあれば、これも素敵な介入になりそうです。笑いも出るかもしれません。

ところで、すでに無用の心配かもしれませんが、この一例をもって「母親は父親と子どものコミュニケーションの邪魔をしてはいけない」とか、「父親の出番が大事である」とか、「家族の三角関係がポイントであるのでそこに介入すべし」とか、そのような固有の考えをもたないように気をつけてください。たまたまそのような関係の枠組みをセラピストが観察し、とりあえずそれを問題であると評価（自分のなかで意味づけ）して、その関係の枠組みに変更を加えたところ、問題持続システムが変化して、結果的に「問題」が消失に向かったということに過ぎません。別に他のところにトライしても良かったのです。どうしてもそこを扱わねばならないなどと考えるのではなく、全体の流れのなかでたまたまその関係の枠組みが目についたうえに比較的柔軟であると感じた。そこを扱うことがクライエント（家族）にとって過重な負担になることなく、また、セラピストにとっても扱い慣れた領域である。このような評価の積み重ねでターゲットとなる関係の枠組みは決定するわけです。どれほど目につく枠組みでも、ガチガチに凝り固まっていると感じられたら、近づかないほうが無難であるかもしれません。またたとえ柔らかそうに見えても、セラピストが扱い慣れていない枠組みであるならば、そんなところには手を出さないほうが良いということです。同じ意味で、関係の枠組みを相手にするのが苦手なのに家族合同面接などを行うのはやはり無謀です。個人面接で、クライエントの認知的な枠組みだけをターゲットにして面接を進めることはたいへん価値のあることです。問題持続システムを構成している諸要素はいろいろあるので、自分が比較的得意とするところをターゲットにすれば良いのです（身体も構成要素の一つですから身体的なアプローチももちろん可能です）。自分の現在の志向性や力量、限界、これらを謙虚に（謙遜ではなく）意識することは、セラピストの責任性や倫理性の観点からもたいへん重要なことであると思います。

セラピストの「認知的な枠組み」と「治療関係の枠組み」を知る

クライエント同様、もちろんセラピストにも（読者にも）認知的な枠組みがあります。それはその人が受けた臨床心理学上の教育や人生経験から滲み出てくるものです。たとえば本書に書かれていることは私（東豊）の認知的な枠組みです。本当は、本書に書かれていることはすべて「SAの枠組み」であると大上段に構えたいところですが、脱線もあちこちあるし、人によってSAの説明の仕方や力点の置き方は違いますから、どうしても本書は「東豊の認知的な枠組み」にとどまるのです。所詮、東流SAです。東豊はこの本に書かれてあるような認知的な枠組みをもってクライエントと交流しているということに過ぎません。

吉川悟という、それこそSAの権化のようなセラピストがいますが、彼に聞いてごらんなさい。同じSAでもまたかなり違った角度からの説明をするはずです。また、ベースは同じSAに置きながら、私も吉川もあれこれの個人的価値観を（意識的にあるいは無意識的に）セラピーのなかに持ち込んでいるのは間違いありませんから、見かけ上はずいぶん違う面接の展開になるはずです。それで良いのです。読者も、SAの原則的な考え方を身につけたうえで、一方で自分の価値観を大切にして、自分流の面接の展開を楽しんでほしいと思います。先達とそっくり同じことができるようになる。そんなことは本書の意図するところではありません。人それぞれで良し。

とはいえ、どのセラピストにとっても、所持すると良いと思しき「認知的な枠組み」。それは、どのような言説も関係もただの枠組みであると考えて、良し悪しや正しいかどうかの裁きの心をもたず、それをまずは受け入れること。その大前提として、本来的にはどこにも「問題」や「問題の人」はない、このような強い信念をもつこと。それが臨床力向上にたいへん有益であると、何度でも強調しておきたいと思います。

それでも時々、そんな信念はもてるはずがないという人に出会います。しかしそれは、できないと思うからできないのです。こういうとまた「精神論を振りかざす」などと嫌がられることもあるのですが、本当にそうなのだから仕方ありません。これ以上できないと思ったところがあなたの頂点です。あるいはひょっとして、「できない」と言う人は、「したくない」を婉曲に表明しただけのことかもしれませんが。

また時々、「あなたは本当に一〇〇％『問題』や『問題の人』はないと思っているのか」と問うてくる人がいます。残念ながら答えはノー。まだ、今のところ、そこまでいたっていません。しかしその方向に進もうとする意識をもつことが、私にとっては実に有益なトレーニングなのです。いったいいつになることかはわかりませんが、私の頭が一〇〇％そのように完成したとき（私の頭のセラピーがすっかり終結したとき）、おそらく私の心理療法の成功率も一〇〇％になっていることでしょう。なぜなら「現実」は、私の頭のなかが眼前に投影されたものだからです。おっと、怪しい認知的な枠組みの開陳……。これはＳＡの枠組みではありませんね。

閑話休題。

さて、クライエントとセラピスト、両者の認知的な枠組みが出会って交流が始まると、すぐに新たな関係の枠組みが形成されます。それは両者のコミュニケーションの相互作用からなるパターンや役割のことです。これを治療関係の枠組みといいます。個人面接であれば二者の関係の枠組み。三人家族との面接であれば四者の関係の枠組みです。個人面接、家族合同面接を問わず、必ず出現します。このような治療関係の枠組みを意識し観察できるようになっておくことは、セラピーが上達するためには極めて重要なことです。

治療関係の枠組みを仮説する（見立てる）方法ですが、これは先に述べたクライエントの関係の枠組みの理解の仕方と同様で、やはり観察と評価、この両輪が大事になります。観察は、コミュニケーションの連鎖を追うことです。ただ、ここではセラピスト自身もその一部分になっていますので、クライエントの関係の枠組みを捕捉するよりちょっと難しい。「複眼的観察力」が求められます。セラピストはクライエントの話の内容に注意を払いながら自分とクライエントとの相互作用を観察するわけです。それでもまだ個人面接の場合は、一人のクライエントの認知的な枠組みと二者間で生じている治療関係の枠組みを同時に観察するだけで良い。しかし家族療法など複数面接の場合は、複数のクライエントの認知的枠組みと、彼らが織りなす関係の枠組みと、さらに彼らと自分が織りなす治療関係の枠組み。これらを同時観察するわけです。もちろん、面接中に生じている自分自身の認知的な枠組みにも注意を払います。このように、複数面接は実に忙しいのです。

治療関係の枠組みの一例を示しましょう。

「母親が○○すると父親も○○し、次第に父母は○○をエスカレートさせるが、ある特定のタイミングでセラピストが××すると父母は○○をやめる」

実はこれ、すでに気がついた人もいるでしょうが、先ほどクライエントの関係の枠組みを説明する際に紹介したものと同じパターンです。ただ、クライエントの関係の枠組みで説明した際は、父親と母親の○○を××で中断させたのは子どもだったのですが、ここではセラピストがその役割を担ったということです。

さて、このような一連のコミュニケーションの流れ（パターン・連鎖）を何度か観察したとしましょう。客観的観察です。そしてこの情報に基づき、評価が付加されます（意味づけ）。「セラピストは話題を変えることで父母の罵り合いのエスカレーションを回避することの役に立った」とか、「セラピストは会話に口を挟むことで父母の議論が深まることを邪魔した」とか、さまざまな評価（意味づけ）ができます。同じ現象に対して、「罵り合い」であるとも「議論」であるとも、どちらの意味づけも可能です。同様に、同じ現象に対して「役に立った」とも「邪魔した」とも、どちらもアリです。「良い」も「悪い」も、どちらもアリです。

ともかく、まずはクライエントとセラピストが繰り広げるコミュニケーションのパターンの客観的な観察がなにより大事であり、その観察されたパターンに対して、なんらかの治療的意図をもって付加された評価（意味づけ）を行ったもの、それが治療関係の枠組みなのです。

つまり、あるセラピストが「良好な治療関係です」、あるいは「依存的な治療関係です」、はたまた

「家族に対して中立の立場を維持しています」などと表現した場合、これはそのセラピストの評価（意味づけ）を示しただけであって、治療関係の枠組みについてはなにも説明していないことになります。これでは実際にはなにが起きているのか、さっぱりわかりません。SAにおけるスーパービジョンでは、そのような意味づけのもとになっているはずの観察データを示すよう求めます。録画があれば申し分ありません。録音でもかなりいけます。ともかく、セラピストとクライエントのコミュニケーションの連鎖を、しっかり把握し説明できることが重要なのです。評価（意味づけ）はそのあとです。ましてや客観的な観察もなくあれこれ評価（意味づけ）ばかりを語っているのだとしたら、しかもそれがまるで真実でもあるかのように語っているとしたら、これはもうSAではありえません。東ゼミでは雷が落ちる瞬間です。

セラピストの「認知的な枠組み」と「治療関係の枠組み」にチャレンジする

ジョイニングが上手にできたということは、クライエントの認知的な枠組みや関係の枠組みにセラピストがうまく同調できたということ。つまりセラピスト自身も問題持続システムの一員になれたということです。問題持続システムを操作する影響力をもてるにいたったということです。その立場を用いて、クライエントの枠組みの変更にチャレンジできます。しかし、その後もセラピーは続いているが、クライエントの枠組みに変化は見られず、「膠着状態に陥った」と感じられるような場合があります。このとき、「セラピストは問題持続システムの一要素として巻き込まれてしまった」と評価されます。ジョイニング転じて巻き込まれ。つまり、セラピスト自身もセラピーの対象になった。このように考えることができるのです。しかし、ここで「失敗」と句読点を打つのはもったいない。実はこれは絶好のチャンスなのです。なぜなら、自分もセラピーの対象になったということは、要するに「自分が変わればいい」というポジションを手に入れたということなのですから。

この場合、クライエントの枠組みを直接変えるようなかかわりはできなくても（そのような技量が不足していても）、まずは自分の考えと行動を変えることから始めれば良い。誰にとっても、他者を変えるよりも自分を変えることのほうがはるかに容易です。自分を変えることで連鎖的に他者を変えようとするのが、実は一番簡便な道のりなのです。セラピスト自身の認知的な枠組みや治療関係の枠組みを変えることができたなら、連鎖的に問題持続システムは変わってしまいます。セラピスト自身が問題持続システムの一員だからです。セラピスト自身の面接中の思考や行動を変えるだけで、連鎖的にクライエントが変わるということです。これは「問題」の当事者になった者だけがもつ強みです。

もちろん私も、面接中、行き詰まることがあります。その典型的な場面は、クライエントのなにかを私が問題視したときです。

ある事象が注目され「問題」と意味づけられることで初めて「問題」は存在する。「問題」は「問題」と認定されるからこそ「問題」なのである。本来問題なし。

このような考え方はSAの基本中の基本であるとわかっています。しかし、実際の面接場面に出ると、「このクライエントの性格は問題だなぁ」「この家族関係は問題だなぁ」「その言動は許しがたいなぁ」など、あれこれ問題視したい誘惑にかられてしまう出来事に少なからず直面するものです。そしてもしも私が、本気でクライエントのなにかを「問題」だと見てしまったとき、すでにそのセラピーがうまくいっていない兆候であることが多いのです。さらにそれが修正できないまま面接がずるずる続くと、ほぼ間違いなく、（私の頭のなかにしかなかったはずの）その「問題」がどーんと現実場面で存在感を示すようになります。するとますます私の頭のなかで「問題」であるとの意識が強くなります。するとますますその「問題」がどどーんと……。まるで思考と現実が相互作用的に増強し合うかのようです（第2部に示したK氏の夫婦面接ではその現象が生々しく示されています）。

若い頃もうすうすはそのような法則に気がついていましたが、今ではそれを確信していますので、なんとかその罠にはまらぬよう、私は「問題」が「非問題」に見える視点を一生懸命探そうとします。

セラピストの頭のなかにあるものが現象化される。このようにいうとなにやら怪しい宗教のように聞こえる人もいるようです。たしかにそうかもしれません。しかし「問題」が「非問題」に比較的容易に転換する、たいへん役に立つ方法があるので、一つ紹介しておきたいと思います。それは「人間本来水晶玉」といった視点の導入です。人間は本来水晶玉のようになんの問題もない美しい存在であるが、その表面に、自分や他人があれこれとシール（否定的な意味）を貼って、本来の美しさを隠してしまっている。自他ともに、本来の水晶玉を見ないで外側に貼られたシールばかりに気を取られる。そのためにますますそのシールが存在感を示す。もしもその人本来の良さを引き出したいのであれば、外側のシールに焦点を当てるのではなく、水晶玉本体にピントを合わせれば良い。水晶玉は、水晶玉として見られることで初めて、その存在感を示しはじめる。本来の光を徐々に放つようになる。すると外側に貼られていたシールは自然と溶けて消えていく。すなわち、水晶玉本来の輝きがいっそう増す。……このような枠組み。一種の観法です。これを採用し、たとえば「Aさんは問題の人」といった思いが私のなかに生じはじめた場合、それに気がついたら即、心のなかで「Aさん本来水晶玉。Aさん本来水晶玉」と繰り返すようにします。するとそれが合図になり、私のなかに生じていたAさんへの否定的な感情が消失に向かうのです。

変な人だと思われることもありますから普段あまり大きな声ではいえませんが、SAが上達する（ついでに私生活もうんと楽になる）マル秘・特効薬の一つなので、ここで紹介しました。宗教に詳しい人なら「人間本来仏性」「人間本来神の子」、このような考え方と相通ずるものがあると、きっとご指摘くださることでしょう。

ついでにいうと、この方法をそのままクライエントに教えることで効果をあげることもできます。このおまじない（？）だけで家族関係が改善したという人もいます。ただしうまくクライエントに届かなければ、「変な先生・気持ち悪い先生」で終わります。くれぐれも気をつけて。

ところで、いささか宗教家風に述べてはみたものの、このような方法を用いても、どうしてもクライエントや関係者に対する問題視がやめられないこともあります。もちろん私にもあります。その場合は決して無理をせず、他の上手なセラピストに紹介する。それが次善の策であると考えます。とはいえ、もちろん他所に紹介されるにいたったクライエントが本当に「問題の人」だからではありません。どうしても「問題」を構成してしまいたがる私の頭が悪かっただけのことです。本来、私がセラピーを受けるべきなのです（もっとしっかり修行すべきなのです）。

さて、セラピストが行う自分自身への介入には、その認知的な枠組みを変えることだけではなく、治療関係の枠組みにおける自分の動き方を変えることも含まれます。

たとえばある個人面接にて。セラピストが「問題」に興味を示すと、クライエントは「問題」を語る。セラピストはますます「問題」に注目し、クライエントはますます「問題」を語る。もしもこのような治療関係の枠組みを変えたければ、たとえば、セラピストは「例外」や「工夫」「小さな良い変化」を聞いてみることができるでしょう。クライエントにそのような質問がうまく届くと、「非問題」に興味をもち「非問題」を語るといった、新しい治療関係の枠組みにセラピーは移行することでしょう。そしてそれは、結果的にクライエントの認知的な枠組みが変わることにつながっていくことでしょう（種々の枠組みは連動します）。しかし、クライエントは「問題」を語りたくて仕方ないかもしれませんし、実はセラピストも本音では「問題」が気になって仕方ないかもしれません。この場合、もとの治療関係の枠組みに戻るのは時間の問題でしょう。

たとえばある夫婦面接にて。妻であるＩＰが援助を求めるとセラピストは手を差し伸べる。するとますますＩＰは援助を求め、セラピストはいっそう援助の手を差し伸べる。一方で、夫は傍観者的立場を取り続ける。このような治療関係の枠組みが続いていると感じられた場合、これを変えたければ、セラピストはＩＰへの援助の手を引っ込めてみることができます。そして、夫にその役割をもたせてみることができます。これがうまく受け入れられると、治療関係の枠組みは変わりますし、連動してクライエント（夫婦）の関係の枠組みも変わりえます。しかしすぐにＩＰは「これまでにないくらいなにか厄介なこと」をしでかすかもしれませんし、それを受けて夫はやはり援助者役割を降りようとするかもしれません。すると、それを見たセラピストはまた自分自身がＩＰに援助の手を差し伸べたくなるかもしれません。この場合、もとの治療関係の枠組みに戻るのは時間の問題でしょう。

治療関係の枠組みがどうなっているか、当事者の一人であるセラピストにはたいへんわかりづらいときがあります。その場合、スーパービジョンが役に立ちます。スーパーバイザーは森に迷い込んだセラピストにとっての地図や羅針盤の役割をします。セラピストとクライエントの間になにが起きているか、それをできる限り客観的な観察に基づいて教えようとします。できれば面接の録画や録音があることが望ましい。少なくとも、セラピストとクライエントのコミュニケーションの相互作用、連鎖、パターン、こういったものを一生懸命思い出そうとするバイジーの姿勢が求められます。そのような人はすでにＳＡのなんたるかがわかっている人です。しかし一方、そこにはほとんど目が向かずに、相手（クライエント）のことばかりを話す人もいて、そのような人はやはり本心では「クライエント側に問題がある」と考えがちであるようです。しかしそれでも、しっかりとスーパービジョンを受けることで、「セラピストとしての自分の動き方こそが問題である」と視点が切り替わった人は、以後どんどんＳＡが上達します。「対人関係においては自分が変わればすべてうまくいく」。これほどパワフルで確実な技法は他にないのですから。

さて、突然ですが、ここで治療関係の枠組みにかかわるクイズです。正解を読む前に、しばし考えてみましょう。

Q　あるセラピストが家族合同面接をしていますが、わずか一〇分の間で同じことを三回繰り返しています。それはこうです。

セラピストと父親、母親、子どもの四人が、いくつかの取り決めをしている場面。なにかが決まりそうになると、その都度「お父さん、それでいいですね？」とセラピストは父親に同意を求めた。

さて、セラピストはなにをしようとしているのでしょうか？

正解は、とりあえず四つあります。

1　セラピストはクライエントの関係の枠組みに合わせようとしている。つまり、この家族においては、なにかを決めるときに、父親が最終決定を下すという関係の枠組みがあり、それを見て取ったセラピストが、自分の動きをその枠組みに適合させている場面である。

2　セラピストはクライエントの関係の枠組みを変えようとしている。つまり、この家族においては、なにかを決めるときに、父親がそれに関与しない（させてもらえない）といった関係の枠組みがあり、それを見て取ったセラピストが、父親を関与する枠組みに変えようとしている場面である。

3　セラピストは治療関係の枠組みを変えようとしている。これまでの面接で、セラピストが最終決定を下すという治療関係の枠組みを形成してしまったので、セラピストがその役割を降りようとしている場面である。

4　セラピストはなにも考えていない（自分がなにをしているかわかっていない）。ただ右往左往しているだけの場面である。

さて、枠組みにかかわる基本のレクチャーはこのあたりで終わります。このあと、第3章「ある事例論文へのコメント」はここまでのおさらいです。第2部では、実際の面接の逐語録を通して、面接室において四つの枠組みが連動するありさまを具体的に学びます。そしてセラピストが面接中になにを考えているのか、詳細に解説します。第3部では、四つの枠組みが連動しながら変化していったいくつかの事例を紹介します。第1部から第3部までを行きつ戻りつしながら、「枠組みの心理療法」への理解と興味をいっそう深めていただければ幸いです。

第3章

ある事例論文へのコメント

ここでは、ある大学の院生が書いた事例論文に対する私のコメントを掲載したいと思います。ただし、当該学生はSAを学んでいる者ではありません。大学で受けていた教育や指導は伝統的なカウンセリングの枠組みに基づくものであって、本事例もそのような観点から取り組まれています。しかし、SAの観点からアドバイスがほしいとの依頼があったので、喜んで引き受けたのでした。学生の論文はたいへん優れたものでしたが、無論、事例そのものを本書で紹介することはできません。しかし私のコメントを紹介するだけでも、SAの学びになると思います。読者には、ここまでのおさらいとして役立ててもらえるのではないでしょうか。なお、本文中に出てくる「物語」は「認知的な枠組み」とほぼ同義と考えてもらって良いです。また、太字の部分は学生の用いた言葉です。

では、どうぞ。

＊　＊　＊

はじめに

貴誌にコメントを寄せるのはおよそ三〇年ぶりですが、前回はシステム論的な家族療法の事例でした。しかし今回はそうではありませんし、おそらく著者であるＫさんは伝統的な精神療法の考え方に立脚したアプローチを勉強している人だろうと推察します。Ｋさんのご成長にとってなるべく邪魔にならないようなコメントができればいいなとは思いますが、もしも混乱されたらごめんなさい。

ご存知かもしれませんが、家族療法にもいろいろあって、私の立場はシステムズアプローチ（以下ＳＡとする）と呼ばれているものです。伝統的な精神療法から見ると、きっとその考え方はかなり個性的です。事例の見立て方も、そのために必要とする情報も、伝統的な精神療法とはずいぶん異なりますので、ちょっと面食らうこともあろうかと思います。しかし混乱も成長の一里塚ということでご勘弁ください。また本誌の読者も、ＳＡの立場からは本事例にどのようなコメントをするのだろうか、このように軽く興味本位でお読みいただければ幸甚です。また、本稿はＳＡの部分的な強調に過ぎませんので、もしも興味をもたれたら、ぜひ全体像を勉強していただけると嬉しいです。

ＳＡの大前提

ＳＡでは個人の心のありようをセラピーの対象としていません。人と人のつながり、コミュニケーションの相互作用が主たる対象です。その相互作用の連続によって、「問題」と定義されるものが生成されたり、維持・増幅されたり、消失に向かったりすると考えます。本質的な意味での問題などはどこにもない。「問題」と定義されたものが存在するだけだと考えるのがＳＡなのです。社会構成主義やシステム論を背景にもつ、対人相互作用重視のセラピーであるといえます。

SAのターゲットとなる最小単位は、クライエントとセラピストの相互作用です。これを操作するだけで、多くの「問題」と定義されたものは消失に向かうことが多いのですが、実際には、クライエントの背景にいる家族や友人、セラピストの背景にいるスーパーバイザーやケースカンファのメンバーがクライエントとセラピストの相互作用に多かれ少なかれ影響しています。よって、家族や関係者への介入も時には必要になります。

＊操作という言葉を嫌う人を時々見かけますが、（意識しようがしまいが）コミュニケーションは対人関係においてなんらかの操作的な機能を有します。

本コメントの読み方

本事例ではKさんはクライエント（Aさん）の家族とは面接していません。また、Kさんとインテーカーやスーパーバイザーとの相互作用、あるいはケースカンファの様子もほとんど紹介されていません（あれこれ推測するしかありません）。比較的丁寧に描かれているのはKさんとAさんの相互作用の一部分です。そこで本稿では、この二人の相互作用を主たるセラピーの対象として全体のなかから切り取ることにします。そのうえでKさんのあり方に焦点を当てようと思います。セラピストが変わると面接室での相互作用が変わるので、結果としてクライエントが変わるからです（「親が変われば子どもが変わる」原理と同じようなものです）。

SAでは、クライエントではなくセラピストのあり方を変えるのが最もシンプルで簡単なセラピーの方法であると考えます。特に本事例の場合はそれに該当すると思われます。その理由は、Kさんは比較的若くて経験が浅いセラピストなので、変化が容易だからです。一方、（私も含め）ベテランのセラピストは多くの場合、自分の考えに固執しがちです。なかなか変わりません。いや、変わらなくても良いのです。現在うまくセラピーができていれば。

さて、それでは、セラピストはどのように変わることができるのでしょうか。

「物語」を構成するということ

人生における無数の出来事のなかから何事かを選択的に注目し、意味づけし、あるいは言葉にすることで、人は自分の物語を形成します。面接室で生じることもまったく同様で、目の前にある山ほどの情報のなかからセラピストは自分の眼鏡にかなったものを選択的に注目し、意味づけします。

クライエントとセラピストは面接室で各々の物語を持ち寄り、それをベースにコミュニケーションし、双方の物語に影響を与え合います。そのあり方によっては、事態が発展、成長、前進しているように見えたり、膠着、停滞してしまっているように見えたりします。新しい解決の物語が構成されることもあれば、これまでどおりの問題の物語にとどまることもあるといった具合です。ここでは、意識的であろうが無意識的であろうがクライエントに必ず影響を与えることになる、セラピストの物語に注目してみたいと思います。

初回面接が始まる前

さて本事例。インテーク面接にKさんは同席していなかったので、Aさんに関する情報はインテーカーから得たはずです。それはどのように伝えられましたか？　おそらくインテーカーが所持する物語がなんらかの形で表出されたはずです。それははっきりとした見立てであったかもしれませんし、ちょっとしたニュアンスだったかもしれません。Kさんはそれにどのような影響を受けたでしょうか？　インテーカーからの情報提供の場面が、きっとこの事例に対するKさんの物語生成のスタートラインであったはずです。Aさんや両親のことをどのように捉えはじめたでしょうか。

SAでは、この段階からセラピストが自分の物語を自覚できるように働きかけます。もちろん、その物語に真実味があるかどうかなどを検討するのではありません。なんであれ、それが単なる物語であることをはっきり自覚してもらうことが大事なのです。自分のなかにある常識や価値観、種々の理論などから距離を取れるようになるための訓練です。もちろんそれらを否定するものではありません。

初回面接

Aさんの語りのなかから、両親のかかわり方に注目したKさんは、「**共感的でない母親**」「**不用意な一言で娘を振り回す父親**」といった物語を紡ぎはじめます。Kさんの個人的な体験や、臨床心理学の学び、あるいは面接前のインテーカーとのやりとり、こういったことの影響でしょうか。もちろん、そのような意味づけをしてはいけないなどと堅苦しいことをいうのではありません。しかしＳＡの視点からは次のような指導をすることになります。

Ｋさんがもしも本気でそのように感じているのだとしたら、たとえば、むしろ共感的であった母親のエピソード、適切に娘を援助した父親のエピソード、あるいはクライエントが周囲に影響されることなく自分で物事を決めたエピソードを、Ａさんに質問して収集するようにアドバイスすることでしょう（そのような事実はその気になって発掘すれば山ほど出てきます）。つまり、Ａさんや家族についてＫさんが作成しつつある物語に合致しないエピソードを浮きあがらせることで、いったんＫさんの頭をフラット・中立にしてもらうわけです。これによってＫさんに自然と沸き起こってくる「ある物語」への没入をいったん制止させます。ただしこれは、たとえば、「セラピストはクライエントや家族の問題点や原因を見つけ出さなければならない」といった物語の渦中にいる人にはなかなかきつい作業になるかもしれません。セラピストであれクライエントであれ、人がすでにもっている物語の頑強さには注意が必要です。違う物語は抵抗に遭いやすいからです。その意味で、Ｋさんが所属する組織（あるいは指導者）が所有する物語は極めて強くＫさんに影響します。Ａさんが家族の価値観や文化に影響されるのと同じことです。

さて、Ｋさんの頭がうまく中立性を取り戻せたら、そのうえで、それでも「**母親とのかかわりや父親とのかかわりを今後の面接のテーマにしたい**」かどうか決めてもらいます。それをテーマにすることでどんな良い効果が期待できるか、そもそもそのようなことはテーマになりうるのか、といったことを検討してもらいます。

本事例の場合、Aさん自身は（少なくとも表面的には）家族関係に困っているわけでもなさそうなので、なかなか初期のテーマにはなりにくいと思います。初期は特にジョイニングといって仲間になることが重視されますので、まずはクライエントの困りごとに焦点化するのが王道です。その観点からも、やはりKさんがAさんと両親との関係にこだわるのは決して得策とは思えません。つまり、家族関係の問題に焦点化するプランはこの段階では捨てたほうが良いということです。使えないテーマ、なのです。今はそんなものにこだわっていても仕方がないということです。

さてもう一つ、初回面接でKさんはAさんの語りと雰囲気から「**ちぐはぐさ**」を感じています。もしもそれが否定的な物語として受けとめられているようであれば、SAではAさんのちぐはぐさがむしろ肯定的なこと、あるいはノーマルなこととしても観察できる視点をKさんに提供することでしょう。もちろん、Kさんの腑に落ちることがなにより大事であり、押しつけであってはなりません。

ともかく、このように、担当セラピスト（Kさん）が抱きがちな固有の物語を脱構築していくこと（確定的な意味は存在しないということを示すこと）が、最も簡単な問題解消のための介入方法なのです。セラピストの作る物語はたいていの場合、クライエントと同様、「問題語り」であるようです。クライエント本人の問題と家族の問題、特にこの二本柱はクライエントやセラピストが最も好むところかもしれません。その文脈での物語作りに励むこと、あるいはそうした問題に真摯に向き合うことこそが心理の仕事だといった認識は、臨床心理の業界ではなかなか強固なものがあります。

もちろん、SAでも、「あたかもそれが問題であることにして」ジョイニングや、種々の介入を行うことはあります。相手がすでにもっている物語を利用することはSAの好む方法なのです。ただし、真の問題の存在などには端から関心がありません。「クライエントや家族、あるいは専門家から問題と定義されたもの（いかにも問題だという顔つきのもの）」が存在するだけだと考えています。

第二〜六回面接

第二回面接

Kさんが「**Aさんの自信がないこと**」に焦点を当て、具体的な場面に関心を示したことは、「**Aさんとの良好な関係を形成する**」うえでたいへん良かったと思います。

ただ、上司とのやりとりのエピソードはもっと興味をもって聞くと良かったかもしれませんね。むしろKさんは、「**Aさんの応答がセラピストの問いからずれた**」ことを気にしていましたが、誰だって話の展開などあれこれ変わるものだし、むしろ、クライエントが質問からいささかずれたことを話すときのほうが、一番大事なことや一番扱ってほしいことを語っている可能性があります。

そこに焦点化すると、ひょっとするとKさんが求めていた「**対話が深まる**」や「**Aさんに対する理解**」といったことも実現したかもしれませんね。ただKさんにとって、対話が深まるとはどのようなことなのか、あるいはAさんのなにを理解したいと思っているのかは、Kさんの思いをさらに詳しく聞いてみないと、私にはちょっとわかりません。ただ、それらが（本気の）問題探しにつながるものであるなら、SA的にはまた教育的指導が入りそうです。

ともかく、Kさんはいささか自分の聞きたいことにこだわりすぎたのかもしれません。その結果、会話に行き詰まりを感じて、自分から面接目標を提案してしまいました。そして、それはちょっと押しつけた感じになったのですね。面接ではこのような展開（相互作用）はしばしば生じるものです。そしてたいていの場合、Kさんのようにあとで気がつきます。しかし面接後もこの相互作用に気がつかない場合、ましてやその相互作用の一面のみを切り取ったうえで「問題のあるクライエント」などとパンクチュエート（句読点打ち）をしてしまうにいたっては、もはやセラピスト失格としか言いようがありません。しかし、Kさんは大丈夫でした。

第三回面接

期待どおり、この面接の冒頭でKさんは前回の反省に基づいてきっちりと会話のパターンを変えてきました。さすがです。セラピーの目標はやはり、クライエントの希望をメインとしつつ、一緒に作ることがなによりでしょうね。

話もしっかりと聴いているように感じられますが、**「子どもと話しているような気がした」**という、いささか否定的なニュアンスを伴う一文には、やはりKさんのなにかしらのこだわりが感じ取れます。いや、いいのです、私生活ではどんなこだわりがあっても。しかし今現在はセラピストなのですから、SAではここでもきっとKさんの頭のなかに積極的に介入すると思います。

第四回面接

同じようなことは、**「Aさんや Aさんの両親の姿勢に甘さを感じる一方、Aさんの選択に口を挟ん**

だり肝心なところで放置したりする両親の中途半端なかかわりに苛立ちを感じた」といった一文からも感じ取れます。ここでもＳＡでは、Ａさんや家族の別の側面が浮きあがるような質問を通して、Ｋさんがこのような意味づけから自由になれるような働きかけをします。セラピストの頭のなかをセラピーするのです。とはいえ「物事をポジティブに考えましょう」などと勧めるのではありません。実はどちらでも良いのです。どちらもただの意味に過ぎないと考えられるようになること。その力を獲得するのが目的です。

第五回面接

Ｋさんが、「**悩みがない**」**というＡさんの言葉に困惑した**のはなぜでしょう？　また、「**思考の偏りがある**」と本気で思ったのでしょうか？　本気でＡさんを「**思考の偏りがある人**」と理解したとすれば、たとえば龍谷大学の東ゼミでは、目ん玉飛び出るくらい叱られます。いや、それは冗談。叱らずに、思考に偏りがあるわけではないＡさんがＫさんの脳裏に浮かびあがってくるまで、ゼミ内で根気よくやりとりします。Ａさんではなく、むしろＫさんの「思考の偏り」を対象に授業中にセラピーを行うわけです。あっ、ごめんなさい。

第六回面接

もう一つくどいようですが、「**家庭内で感じたことなどを共有する習慣のない家庭の状況**」ですって？　Ａさんのなんらかの語りからついつい妄想してしまった、このようなセフピストの物語にチャレンジするのがSAなのです！　……もういいですか。

第七回面接以降

はて、Kさんにいったいなにが起きはじめたのでしょうか？　この時期に家族療法の文献を読んだことで、急激にAさんを見る視点が変わってきている印象を受けました。「**好ましく思うとともに、意外としっかりした人だとの印象**」（第七回）、「**当初は未熟だと感じていたAさんの生き方について、Aさんなりに機能しているなら、それが標準から外れたものであってもいいのではないか**」（第九回）、「**健康な人のように感じた**」（第一〇回）等々。実際、Aさんは徐々に変化したようですね。これについては、比較的好ましい変化がセラピストに起きていて、連鎖的にクライエントに変化が見られるようになったのだと、そのように考えたいところです。いや実際のところは、KさんとAさんのどちらの変化が先だったのか、これは正確にはわかりません。おそらく同時進行的だったのでしょう。しかしSAでは、このようなセラピストの変化を、あとから自然に起きてくるのを待つのではなく、クライエントに先立って、なるべく早期のうちに（できれば初回面接前に！）積極的に引き起こそうとするわけです。

くどいようですが、SAでは、「物事をネガティブに考えてはいけません。なにもかもをポジティブに見ましょう」などというのではありません。「どちらであってもただの意味」。そのようにどちらにでも意味づけできる力を求めているのです。そのうえで、「自分はセラピストとして、今、意味を選んでいるのだ」といった視点をもつことが重要なのです。ただ、本気であれこれネガティブに見る癖をもっているよりは、本気で何事もポジティブに考える癖をもっているほうが比較的好ましい（まだマシ）だろうということです。

考察を読んで

ところが驚いたことに（いや、ある程度想定内のことではありましたが）、最後の考察の段階において、Ｋさんは第七回面接以降の自分の変化を「**向き合うことの回避**」として否定的に見ているようなのでした。私の感触とは真逆だったのです。Ｋさん曰く「**Ａの問題から目を逸らすことは、セラピストとしての役割と向き合うことを避け、あたかも問題がなかったように振る舞っていたといえる**」と。そして、あらためてクライエントの問題点の整理に取り組んでおられます（適応的側面も挙げる形でバランスは配慮されていますが）。

あぁ、やっぱりそうきたかと、ちょっとがっかりしたのが正直な感想です。というのも、面接経過中に家族療法の文献を読んで「**一貫して肯定的にかかわっていくことがクライエントの変化につながることを示した書籍に感銘を受けた**」と書いていたので、そして面接後期はなかなか良い展開に思えたので、ひょっとしたらＫさんはこっちの世界に来る可能性のある人かなと勝手に妄想していたのです。しかしどうやら片想いだったようです。Ｋさんは、「**自分が受け入れやすい意見に飛びついたり、感銘を受けたアプローチを深く考えずに取り入れたりしていた**」と反省するにいたったのでした。

関連してもう一つ妄想を許していただけるなら、この事例の経過中、クライエントをどのように理解すれば良いのか、面接をどのように進めたら良いのか、Kさんに迷いや揺れがあった。そしていろいろと勉強するうちに家族療法に出会い、Kさんに新しい物語が生じはじめた。しかし、事例論文を仕上げる段階において、Kさんの周辺の人々が、たとえばケースカンファや論文指導の場面で、従来の物語を維持・増幅させる働きかけを行った。その結果がこの考察である……と。恨み節かな（笑）。いえいえ、誤解が生じないよう明言するなら、仮にこの妄想が当たっていたとしても、もちろんそれはそれで良いのです。そのような周囲の働きかけが、そしてその影響を受けて書かれたと思われるKさんの考察が、まさに現在の心理臨床界の常識の現れなのです。その枠組みに従って現象を理解し考察することが、当たり前の作法として、多くの人に求められているということです。

「**クライエントの問題に向き合うことがセラピストの仕事であり、問題から目を逸らしてはならない。問題視することを回避してはならない**」。それも一つの道です。SAがその道にまったく興味をもたないというだけのことです。本来「問題」はどこにもない。あえていうなら、何事かを「問題」だとされている文脈こそが問題だと考え、その文脈の再構成を目的として、クライエントや家族、関係者らと会話をすること。それがSAなのです。

Kさんは SA プロパーを目指すセラピストではありませんから、伝統的な枠組みに基づく物語を今後もしっかり学んでいかれると思います。しかしもしも将来、ご自分の心理面接に行き詰まりを感じるようなことがあったなら、その際には、このコメントも少し思い出してもらえたら嬉しい限りです。今回はこのような機会をいただきありがとうございました。Kさんの成長を心から祈っています。

第2部

逐語録で学ぶ

第4章 夫婦面接

この章では、実際の面接でのやりとりを詳しく見ていくことで、「枠組み」について理解をいっそう深めることを目的とします。登場するクライエントは一組の夫婦です。夫婦面接の逐語録は二つあります。一つは、本事例の紹介者（K氏）が最初に行った面接で、もう一つは、その紹介を受けたH氏が行ったものです。

それぞれの面接について、「枠組み」の観点から解説しますが、まずは一通り逐語録に目を通してみてください。もしも三人集まることができるなら、役割を決めて声を出して読んでみると良いと思います。

それではまずはK氏の面接から。

K氏の夫婦面接

（夫婦入室。妻は硬い表情、夫は軽く笑顔を浮かべ、余裕を感じさせる）

1 **K** どうぞお座りください。こんにちは。Kと申します。よろしくお願いいたします。

2 **夫** よろしくお願いします。矢野といいます。

3 **K**　じゃあ、さっそくなんですが、今日お越しいただいたのはどんなことで？　どちらからでも。

4 **妻**　私が、相談したいなと思ってまいりました。

5 **K**　どんなこと？

6 **妻**　息子が一人いるんですけども、大学を卒業して、無事に銀行に務めることになりました。

7 **K**　銀行に？

8 **妻**　はい。それで、初めて家を出て、社宅で暮らすようになったんですね。私は専業主婦でしたのでずっと家にいたんですけど、息子もいなくなって、洗濯ものも減るし、食事だってそんなに作らなくてよくなるし、もうぼちぼち外にも出たいなと。今までずっと我慢してきたので、少し自分の好きなことを始めて、できればそれを仕事につなげられればいいなと。仕事を始めてすぐに結婚したので、外できちんと務めた経験はないんですが、でもやっぱり外に出て働いてみたいなと思っているんです。ところが、主人とそういう話をしてもなかなかうまく理解してもらえない。まぁ、話が進まないんですね。だからどなたかに間に入ってもらってなんとか打開したい。本当に、主人に話しても取りつく島がないんです。

9 **K**　なるほどね。（夫に）ご主人は、今日はお仕事はお休みでいらっしゃいますか。

10 **夫**　打ち合わせがあったんですけどねぇ、わざわざ、まいりました。

11 **K**　ありがとうございます。今、奥さんからお話を聞かせていただきましたけども、ご主人はいかがですか？

12 **夫**　まぁ、家内はね、世間の怖さをわかってないんですよ。

13 **K** もう少し教えてください。

14 **夫** だから今家内が言ったとおりでしょうが。長年主婦でやってきたのに、最近なにを思ったのかね、外で働きたいなんていう。私は男が外で仕事して稼いで、内助の功とまでは言いたくないけども、家のことは家内に任せるっていうのが、正しい生き方だと思いますよ。それは時代を超越したものだと思うし、わが家は今までもそういうやり方でやってきたのに、急にね、なんの相談もなく、なんか勝手に決められちゃってね、納得いかないですよ。

15 **K** （妻に）もうなにか決められたんですか、お仕事を。

16 **妻** 別に急にじゃないんですよ。近所にお友だちが経営している花屋さんがあって、何年か前から、日中の空いた時間にちょこちょことお手伝いをしてたんです。

17 **夫** （妻に）そんなのは仕事に入らない。

18 **妻** ……。

19 **K** お手伝いされてたんですね。

20 **妻** そうです。

21 **K** それはどれくらい？

22 **妻** もう三年くらい。ずっとお花とかにも興味があったし、実際にお手伝いして、すごくおもしろいなって、自分に合う世界だなって思ったんです。そのお友だちはフラワーアレンジメントの資格をもっているんですけど、「あなたも資格を取ってみれば？」って言ってくれるので、そういう勉強もしながらゆくゆくはなにかお花にかかわるお仕事ができたらいいなって。働きながらそういうことはずっと考えていたんです。

23 **K** なるほどね。ご自宅からお花屋さんは近いのですか？

24 **妻** 歩いて一〇分くらいです。

25 **K** いやぁ、すごく近いんですね！

26 **妻** （声を大きくして）主人は家を守れとか言ってますけど、今までも十分に守ってきたし、家事や子育てに手を抜いてきたこともありません。息子もきちんとした社会人に育てあげたっていう自負がありますし、別に花屋で働いてるときだって家事の手を抜いているわけではありません。でもこれから主人と二人きりになって一〇年、二〇年……あと何年生きるかわかりませんけど、その間ずっと家のことだけやってるって考えたら、私の人生いったいなんなの？　みたいに思えて……。ちょっと外に出るだけでなんかすごくイヤな顔をされて、ずっと縛られてる感じがして……。長い間、息子を育てるという目標があったので、それが私の存在意義なんだと思ってましたけど、今はそこから解放されたわけですから、私の余った時間を、残りの人生を、なんで好きなことに使っちゃいけないのでしょうか。まったく理解してくれないんです。「そんなの遊びなんだよ」って馬鹿にした感じで。私は遊びで花屋を手伝っているわけではなくて、ちゃんとまじめにやってきました。勉強だってしようと思っています。夫とは感じ方がまったくかけ離れているなと思えるんです。

27 **K** （夫に）いかがですか？　奥さんはそうおっしゃっていますけど。

28 **夫** （憤懣やるかたないという感じで）まず子育てに関してなんですけどね。まるで自分一人で息子を育てたような言いぶりなんだけど、そんなことはない。どれだけ私が勉強を見てやったりしたか！　一方で私は一生懸命働いて会社でそこそこの地位を得て、それなりのお給料もいただいて、ちゃんと家に入れている。だから家内には家をちゃんと守って家事をやってもらいたい。考え方が古いって言われちゃなんですけどもね、息子がいなくなったからお役御免で家事をほっぽり出しますって、そんなことでいいのかって！

29 **妻** （夫に）そんなこと言ってないじゃないですか。

30 **夫** （妻を無視して）息子は地方の支店にいったんですけどもね。立派な都市銀行にちゃんと就職できたんです。

31 **K** 立派ですね。

32 **夫** 子どもは親の背中を見て育つというけれど、息子は私の背中を見て育ってくれたんだと思いますよ。自慢の息子ですよ。でもなんか今の家内の口ぶりを聞いてると、自分だけが子育てしたみたいな、私は全然育児を放棄したような、そんな言いぐさ。気にくわないね。あともう一点、そのフラワーアレンジメント？　そんなの趣味の延長線上じゃないですか。それを理由に家事の手抜きをするなんて。手抜きしないって言うけども、やっぱり違うと思うんだよね。

33 **妻** （夫に）やってみなきゃわからないじゃないですか。今までだって手抜きしたことありますか？　ないですよ。

34 **夫** （Kに）いや、今まで黙っていたけどね、「あ、前とは変わったな」って思いますよ。そのお友だちの花屋さんに吹き込まれてんですよ、自立しなきゃダメだ、とかね。旦那のいいなりになんかなっちゃいけない、みたいにね。悪い宗教みたいなもんだと私は思ってますよ。

35 **K** うーん、なるほどね。（妻に）悪い宗教って言われちゃいましたけど（笑）。

36 **妻** もう、うんざり。

37 **K** 同じようなことってご家庭でお話しされますか？

38 **妻** （興奮気味に）この調子なので最近はもう話すのがイヤなんです。私の人生の次のステージを、なんでここまで口出しされて見下されなきゃいけないのか、本当にまったくわからない。別に家事だって継続してるわけで、空いた時間を私が好きなことに使うのになんでそんな不機嫌な顔をされなければならないのか。まったく理解できない。その話になると平行線っていうか、どんどんどんどん離れていく感じ。なにをそんなイライラしているのかまったくわからない。（夫に）なにか害が私がフラワーアレンジメントの勉強することになにか害があるのかしら。（夫に）なにか害があるわけ？

39 **夫** （妻に向かって落ち着いた口調と軽い笑顔で）態度が悪くなったよね。

40 **妻** （夫に強く）それはそちらでしょ！

41 **夫** （Kに）なんでもいうことを聞けとは言わないけれども、こんな感じで、突っかかってくる頻度が増えたような気がしますね。

42 **妻** （Kに）今までずっと我慢して言わなかっただけです！

43 **K** （妻に）息子さんは、今回の件はご存じですか？

44 **妻** （落ち着きを取り戻し）はい、私から話してます。

45 **K** いかがでした？　なにか反応ありましたか？

46 **妻** 「なんか楽しそうだねー、花のこと話すの」って息子は言ってくれています。でも、そういった話題のときに、主人はいないので。

47 **K** （夫に）息子さんの反応をお聞きになってどうですか？

48 **夫** （落ち着いた感じで）そりゃあ親孝行な息子ですからねぇ。家内のいいように言ってくれますって。（話題を変える感じで）それよりも、家内にはなんか症状的なものを感じるんですよ。さっきみたいにヒステリックになったりしてね。すぐ興奮する。今回私がわざわざここに同席したのも、夫婦関係がどうのこうのというよりも、家内のノイローゼの心配があって、そういう思いやりからなんですよ。

49 **K** そういったご心配があるんですね。（妻に）どうですか、今のお話を伺って。

50 **妻** （あきれた感じで）まったくとんちんかんだと思います！　（夫に強く早口で）だいたいあなたが私の外での姿を見ることってないじゃないですか！

51 **夫** （からかうような感じで）ストーカーじゃないんだから、物陰から見たりなんかしません。

52 **妻** （勢いよく早口で）私が友だちとどういう会話をしているのか、どういうことが好きでどういうふうにこれから生きようと思っているのか、あなたはまったく関心がなかったでしょ！　それでいきなりノイローゼと言われても、本当に心外です！　病気じゃないです、私は！

53 **K** （困った様子で）うん……。あのぅ、息子さんのお話が出たんですけど、ちょっと私、興味があってお聞きしたいんですが……。お二人からご覧になって、息子さんってどちらに似てますか？
54 妻 （落ち着きを取り戻し）私に似てると思います。
55 K どんなところが？
56 妻 ぐっと我慢して、一歩引いて人を見るところ。
57 K なるほどね。（夫に）そのような息子さんですか？
58 夫 （笑顔で）先生はたぶんね、回答を予想なさっていると思うんで、そのとおりの回答をしてあげるけどね、やっぱり私は私に似ていると思いますよ。
59 K どんなところが似ていると思いますか？
60 夫 一本筋が通っているというか、そういうところじゃないんですかねぇ。……先生、そういう見え見えの質問したってダメよ（笑）。
61 K （少々落ち着きをなくして）えっ、どんなふうに見え見えでした？
62 夫 息子について尋ねても、そりゃそういうふうに答えるって。
63 K えっ、どんなふうに？
64 夫 家内は家内に似てる、私は私に似てるって。そう答えるよ。実につまんない質問だ。
65 K あぁ……そうですか？　私には意外でしたよ。
66 夫 （小馬鹿にしたように）どう意外ですぅ？
67 K 実はね、結構片方に似ているってケースが多いんです。
68 夫 （軽く流す感じで）へぇ～、そうなんですか？

69 **K** （はっきりと）そうなんです。必ずしもね、ご自分に似ているとは限らないってことなんですよ。いや、本当ですよ。

70 **夫** （笑顔で）先生、お若そうだけど、おいくつですか？

71 **K** 私は四〇歳です。

72 **夫** お子さん、いらっしゃる？

73 **K** いいえ、いないです。

74 **夫** （大きく頷いて）うん、だからね。失礼だけど、子育てを語る資格がないとまでは言わないけども、やっぱり違うなぁ。理解の仕方が違うんじゃないかなぁ。

75 **K** （妻に）あれ、ちょっと待ってください。今日は子育ての話でしたっけ？

76 **妻** （夫にきっぱりと）全然違うじゃない。子育てが終わってこれからの二人の生活について考えるんでしょ！　（Kに）いつもこんな感じなんですよ！　頭おかしいでしょ！

77 **夫** （妻に、言いわけするような感じで）だって先生が聞いたからさぁ。

78 **妻** （Kに）この人は頭が全然進んでないんですよ。（夫に諭すように）いつまでも三人家族じゃなくて、これから二人で生活していかなくちゃいけないんですよ。何年生きるかわからないし、どっちかが病気になるかもわかんないし。だから働けるうちは働こうって考えることが、なにかおかしいのかしら。それをなんか吹き込まれているだとか、変な宗教だとか思ってる頭のほうがずっとおかしいような気がするんだけど。今まで言わなかったけど。

79 **夫** （顔がこわばり余裕が消える）……。

80 **K**　（夫に）いかがですか。

81 **夫**　（Kに、声のトーンは落ちて）……あのぅ、この際だから言いますけど。

82 **K**　ぜひ！

83 **夫**　（Kに）単に給料を持ってくるだけが主人じゃないんですよ。

84 **妻**　（夫に厳しく）そんなこと思ってないですよ！

85 **夫**　（Kに）主人は家族を守らなきゃならない。言っちゃ悪いけど世間のことをよくわからない嫁をね、なんていうか、世間に晒したくない、守ってあげたいって思ってる。

86 **妻**　（顔を背けて突き放す感じで）結構です。

87 **夫**　（タジタジしてKに向けて続ける）まぁ、その、結構かもしれないけど、私にはそういう気持ちがあるんですよ。花屋だかフラワーショップだか知らないけども、イヤな思いもすると思いますよ。家内はね、現実社会に対するイヤな面を見てないのね。そういうのをやっぱり私は守ってあげたいんですよ。花屋のアルバイトなんかじゃなくて、フラワーアレンジメントなんていうわけのわからない資格じゃなくて、今後のことは、私の定年退職の段階でじっくりと考えればいいんじゃない？

88 **K**　なるほどね。ご主人はすごく心配されていらっしゃるし、これからの人生考えると他のお仕事の可能性もあるんじゃないかってお話をいただきました。（妻に）いかがですか？

89 **妻**　（夫に）私は自分のことは自分で決めますよ。今の言いっぷりだってそうですけども、私のことと見下していますよね？

90 夫 （妻に）見下してはいない。

91 妻 （Kに勢いよく）そう聞こえますよねぇ。見下しているように！　社会も知らないくせになにを甘っちょろいこと言ってるんだって。世間を知らないって言いますけどね、ご近所付き合いやパートで、人間関係はいろいろ経験してきてます。フワフワしてません！　それに、私が一番腹立つのが、何事につけてもおまえを守ってやってるんだ、家を守ってやってるんだっていうその立ち位置なんですよ。私はあなたの所属物じゃないんですよ。私だってちゃんと独立した人間なんです。それを端っから否定されて、頭にこない人間がいるのかしら。（夫に）いるのかしら！

92 夫 ……。

93 K ……。

K氏の夫婦面接のポイント

K氏の面接を、「治療関係の枠組み」を中心に解説しましょう。

既述のとおり、治療関係の枠組みとは、セラピストとクライエント（この場合、夫婦）のコミュニケーションの相互作用・連鎖、パターンの客観的観察と、それに対するなにがしかの評価（意味づけ）が一体となって表現されるものです。

この面接でひときわ目立っている治療関係の枠組みは次の二つです。

一つは、K氏の質問と夫婦の反応のパターン。たとえば26～29、34～40、48～52、78～84、87～90に見られます。それは、夫（妻）が語る→K氏が「この意見をどう思うか」と質問する→すると妻（夫）が言い返す→夫婦の口論となる。三人で、このようなコミュニケーションのパターンを何度も繰り返しているのがわかります。

K氏はこの面接を経験したあと、「この夫婦は口論ばかりする。面接がやりにくかった」と述懐しました。すなわち「夫婦の問題」「夫婦の責任」を強調したわけです。しかしSAでは、「口論」はその場にいる三人で作りあげた現象であると見ます。この夫婦の口論が「問題」であるか否かはいったん脇に置くとして、それは夫婦だけの責任ではなく、K氏も含んだ三人の共同責任だと考えます。セラピストだのクライエントだのといった役割名称に関係なく、厳密にはその場にいる者みな対等なのです。その大前提のうえで、SAではなによりセラピスト側の責任性を重視しますので、このような場合、むしろ「K氏が夫婦を口論させている」と表現することを好みます。すなわち、「口論ばかりしている夫婦」ではなくて「口論させるような運びをしたセラピスト」に重きを置くわけです。セラピストには厳しいようですが、面接室で生じる現象に対しては、決してクライエント側に責任を負わすのではなくて、すべてセラピストの責任であると理解します。習熟したセラピストには面接という場をコントロールする能力があるはずだとSAは考えるからです。

本面接で見られたK氏の面接の運び方については、たとえば夫婦にもっと「口論」させようという意図をもっていたのだとするなら（それが適切であるかどうかは別にして）、これは治療的介入の一つであったとも強弁できます。しかし無自覚的な振る舞いだとすると、良くいっても単なる巻き込まれ人、悪くいうと夫婦関係デストロイヤー。

実際のところ、K氏はSAを勉強したことはありません。それらしき特段の意図はなかったようです。しかし日頃から、「夫婦面接をするにあたっては、できる限り中立的に、夫婦対等に、それぞれが発言できる機会を作らねばならない」という確たる信念をもっていたということです。そのK氏の認知的な枠組みが、あのような治療関係の枠組みを形成する基盤であったことはほぼ間違いないと思われます。結果として、「夫婦間の口論」は延々と続き、「仲の悪い夫婦」「どうしようもない状況」といった現実が、その場にどんどん広がっていったというわけです。

さてもう一つ、本面接の特徴的な治療関係の枠組みとして挙げておきたいのは、「夫VS妻・セラピスト連合」とでも評価したくなるようなコミュニケーションの連鎖、パターンの出現です。セラピストと夫間のコミュニケーションの相互作用（57～74）をまずは観察してみましょう。そして、それがどのように収束したか、注目してください。セラピストは妻に「あれ、ちょっと待ってください。今日は子育ての話でしたっけ？」（75）と、まるで妻にヘルプを求めるかのように、話を振っています。するとと妻はセラピストに加勢して夫を責め立てるのです（76）。これにより、夫の勢力は一気に弱まります。この連鎖は、「夫VS妻・セラピスト連合」が明確に現象化（視覚化）した場面であるといえます。

しかし、このような治療関係の枠組みはなにもここで初めてできあがったわけではなくて、この面接の初期段階からすでに存在していたことを指摘しておかねばなりません。実はK氏本人曰く、冒頭まもない頃から（10あたりから）「感じの悪い夫。かわいそうな妻」といった認知的な枠組みをもちはじめていたそうなのです。つまり、K氏の頭のなかから中立性はすでに消え、代わりに「夫VS妻・セラピスト連合」といった構造設計図が、しっかりと存在感をもちはじめていたということです。それはやがて夫との「口論」につながっていき（57〜74）、とうとう75にいたったのです。

これは極めて重要な現象で、セラピストの認知的な枠組みが治療関係の枠組みにダイレクトに反映することを示しています。セラピストの頭のなかにあった設計図どおりのものがやがて目の前に現れてくる。このように認知的な枠組みと関係の枠組みはリンクするのです。本心を上手に隠して面接できるセラピストもなかには存在するでしょうが、それでも、徐々にお里は知れるものです。

SAでは常にセラピストの認知的な枠組みをチェックすることを求めています。時にそれを変えてみるだけで、眼前の現象が変化するからです。実際、K氏の夫に対する認知的な枠組み次第で、面接室で生じる現象はまったく違うものになっていたことでしょう。最も手近にあって、かつ効果的な介入ポイントは、やはりセラピスト自身の頭のなかなのです。その意味で、セラピーの一番の対象は、実はセラピスト自身であるといってもまったく過言ではありません。

次に、K氏からこの夫婦の紹介を受けたH氏の面接を見てみましょう。H氏の面接については、面接中にH氏が考えていたことも面接の進行に併せて記述します。そのうえで全体的な解説を加えます。しかしまずは一通り逐語録に目を通してください。もしも三人集まることができるなら、役割を決めて演じてみてください。

H氏の夫婦面接

1 **H** こんにちは。どうぞ、おかけください。はじめまして、Hと申します。

2 **夫** 矢野といいます。

3 **H** 矢野さんご夫婦ですね。（妻に）今日はK先生のご紹介ですね？

4 **妻** はい。K先生から、H先生の夫婦カウンセリングを受けてみたらと紹介してもらいました。私たち夫婦二人では会話が続かなくて、言いたいことも言えないし、ここ三ヵ月ほどすごく煮詰まってしまって、どうしようもないなと。

5 **H** 煮詰まってる。そうなんだ。ご主人は今日はどんなお気持ちで？

6 **夫** まぁ……たしかに煮詰まっていますからね。でも、積極的に来たわけではないですね。

7 **H** 積極的ではない。

8 **夫** この前、一度K先生のカウンセリングを受けたけど、どうしようもなかったんでね。

9 **H** それでも今日こうして来られたのは、なにかご主人なりに思うところがあって？

10 **夫** たしかに家のなかの居心地が悪いっていうのがありますからね。そこが

H氏の動きの意味と頭のなか

1 二人を交互に見ながら社交的接近開始。

2 K氏の面接情報どおり、夫が社交の窓口として主たる役割を取る。

3 夫の役割を受け入れたのち、妻に接近開始。

5 妻の「煮詰まってる」を貯金箱に入れ、今度は夫に接近。

6 K氏からの情報どおり、夫はそれほど動機づけが高くない様子。

7 夫を受け入れ、さらに接近する。

8 K氏批判。たしかに嫌な感じで、K氏の気持ちがわからぬでもない。

なんとかなれば。

11 **H** 居心地が悪いのをなんとかしたいのですね。なるほど。（妻に）えっと、ここ三ヵ月っておっしゃいましたか？

12 **妻** ええ。

13 **H** （二人を交互に見て）三ヵ月ほど、煮詰まった感じで居心地が悪い。ではちょっとその内容をお聞かせいただいていいですか？　えっと、まずどちらからお聞きしましょうか。

14 **妻** あの……、息子が一人いるんですけども。

15 **H** うん。

16 **妻** 銀行に就職が決まって、家から出たんですね。それで、夫婦二人だけの生活になって、私の時間がぐんと増えたんですね。

17 **H** なるほど。

18 **妻** それで、お花屋さんの手伝いに、忙しいからもうちょっと頻繁に出てこれない？　って誘われまして、外に出て働く時間を増やしたいって思ってるわけです。やっぱりすごく楽しいんですよ。フラワーアレンジメントの資格なんかを取ってみたいなっていう気持ちも出てきたし。

19 **H** うんうん。

20 **妻** 息子がいなくなって、なんかすごく解放されたというのがあって、それ

---

9 さらに夫に接近しつつ、夫の面接への動機を明確にする。

11 夫の「居心地が悪い」を貯金箱に入れ、妻に軽く接近。

13 二人が使ったフレーズを同時に使い、二人との距離を均等にしたうえで問題語りを促す。

14 K氏からの情報どおり、妻が問題語りの主たる役割を取る。

15 妻の役割を受け入れ、発言を促進させる。

17 15と同じ。

19 15と同じ動きのまま、（K氏の面接で見られたように）まもなく「夫への不満」が語られることを確信して待つ。

でいよいよ自分のことにね、もう少し時間を使いたいと思ったわけですよ。ちゃんと働いて、できれば資格の勉強も始めたいと、そういったことをちょくちょく言ってたんですけど、そのたびに、なんか不機嫌になる……（夫を見る）。

21 **H** ご主人が？

22 **妻** ええ。気にくわないんでしょうね、私が外に出るのを。なんで気にくわないのかよくわからないんですけど。

23 **H** （夫婦を交互に見ながら）今までと形が変わるからでしょ？

24 **妻** （夫に）そうなの？

25 **夫** （Hに）やはり、ちゃんとやってた家事を今までどおりやってもらいたいっていう気持ちはありますよね。やっぱり女は家を守る、男は外で稼ぐ、それでいいんじゃないかって思いますよ。定年退職で家にいるんだったら話は違うけど、私の仕事は続いてるわけで、息子はいなくなっても私の生活のリズムは変わってないわけだから、なんで家内だけ変わっちまうの、ってのがありますね。

26 **H** なるほど。息子さんが家を出られて、奥さんは自分の時間がすごく増えたっていう変化があったけど、ご主人にとってはそんなに大きな変化はないってことですね。

---

20 いよいよ「夫への不満」が表出されはじめる。

21 「夫の不機嫌」を取りあげ強調する。

23 そのうえで、リフレーミングを開始。キーワードは「変化」。軽くジャブを打つ気持ちで。

25 「妻への不満」がメインでありつつも「変化」が入った様子。

26 「妻への不満」は扱わず、「変化」の枠組みでさらに会話を進めてみる。

27 **夫**　はい。全然ないですね。
28 **H**　ないんだ。（妻に）奥さんはいきなり変わった感じなの？
29 **妻**　いえいえ、もう三年もその花屋をやっておりますので、ちょっとずつそういう気持ちはあったんです。ただ、やっぱり息子が家にいたので、セーブしていたわけですよ。今はその必要がなくなって、もうちょっと自分の時間を使ってもいいんじゃないかって思ったわけです。
30 **H**　なるほど。
31 **妻**　主人の定年まであと一〇年待って、そこから私がなにか始めるって遅いじゃないですか。今がいいタイミングだなと思ったんです。主人に負担が増すわけでもないのに、なんでそんなに見下したように頭ごなしに否定するのか、まったくわからない。本当に会話にならないんですよ。
32 **H**　（夫に）ご主人にしてみれば、奥さんに変わられるとなにか困ることがあるんじゃないですか？
33 **夫**　うん。今でも、たまにですけどね、私が帰宅した時に家内がまだ帰ってないことがある。
34 **H**　それは息子さんがいらっしゃったときにはなかった？
35 **夫**　なかったですね。
36 **H**　なるほど。

27　反応良し。
28　次に妻に「変化」を届けてみる。
29　まずまず反応良し。
30　話を促進させる。
31　「夫への不満」に逆戻り。
32　妻の「夫への不満」は扱わず、夫に再度「変化」を入れる。23の再現であるが、「変化に困る」と、一歩先へ。
33　「妻への不満」と「変化に困る」、どちらへも転がる展開と感じられる。
34　「変化に困る」へ方向づけ。
35　まずまずの反応。
36　話を促進させる。

37 **夫** なので、本格的に働き出して、週三が週四になり週五になると困る。母の日とかクリスマスシーズンとか、忙しいときに結構かり出されたりもするわけですよ。私が帰っても家内の出迎えがないとかね。なんでオレがこんな真っ暗な家に帰んなきゃいけないんだって、そういう不満もあってね。

38 **H** うん。

39 **夫** それに、家内は本格的に仕事をしたことがなくて、社内で知り合って結婚して、すぐ家に入ってしまいましたのでね。就職は腰かけだったわけですよ。

40 **H** （妻に）お仕事、すぐ辞められたの？

41 **妻** そうです。

42 **夫** だから世間の怖さを知らないんですよ。たまたま花屋の奥さんと親しくなって、誘われてアルバイトするようになったんだけど、まぁなんていうかなぁ、いいようにされちゃってんのかなぁ、そんなにバイト料も高くないですしね。もっと他の道があるんじゃないかと思うんですよね。

43 **H** なるほどねぇ。ところで、実際どんな感じなんですか？　ご主人が仕事で帰ってきてね、家が真っ暗というのは。

44 **夫** 鍵を自分でガチャガチャやって入るんですよ。今までは、近づいたとき

---

37 「変化に困る」と「妻への不満」、まだどちらへも転がる展開。

38 このまま話を促進させる。

39 話がいささか脱線。

40 夫とのコンタクトが少々長くなったので妻を会話に巻き込む。

42 「妻への不満」の展開に進む。

43 「変化に困る」に強引に戻す。

44 まずまずの反応。

に携帯で電話しておけば開けといてくれたわけですよ。別に三つ指ついて玄関で待ってるってことはないんだけど、鍵をちゃんと開けといてくれたのに。今はほんとめんどくせぇなって。

45 **H** 今は自分で鍵を開けて入らないとダメになったのね。

46 **夫** そうですね。空き巣のようにですね（笑）。

47 **H** 空き巣のように（笑）。ご主人としたら、奥さんが変わられるとちょっとうまく対応できないみたいな感じがある？

48 **夫** 以前よりもトゲトゲしくなってきましたしね。いわゆる口答えなんて滅多にしない女性だったんだけど、今はなにかというと突っかかってきたりとか。

49 **H** ほんとぉ。ご主人にとってはいろいろと対応困難なことが増えたのね。

50 **夫** 花屋の奥さんになんか吹き込まれているんじゃないかなっていう気もしてね。旦那のいうことなんか聞いちゃダメだとか。

51 **H** ところで、ご主人はお仕事は何年ぐらい？

52 **夫** もうかれこれ三〇年近くになりますね。

53 **H** 三〇年くらいね。お仕事でも、どっちかっていうと変化は苦手なほうでしたか？

54 **夫** まぁそうですね。不器用なほうといえば不器用なほうですね。ルーティ

---

45 「変化に困る」を進める。

46 反応良し。

47 「変化への対応困難」に展開させたい。

48 「変化への対応困難」に十分には乗らないが、「変化」「変化に困る」は維持できている。

49 「変化への対応困難」を明確に。

50 大筋は乗っている感じ。しかし話は少々脱線。

51 話題を広げ、「変化が苦手な人」「変化に困りやすい人」を補強する材料を探す。

53 51と同じ。ちょっと博打。かなりはっきりと。

ンワークが大好きです。

55 H　ルーティンワーク大好き！　なるほど、なるほど！（妻に）あの、奥さんにもちょっと確認しますけど、ご主人って、変化には弱いほうですか？

56 妻　そうですね。だから、父はこうであるとか、夫はこうであるっていうのを、もうここ何十年ずっと押しつけられてきました。子どもがいるときは我慢してなにも口答えしませんでしたけども、いい加減そんな旧態依然とした家から解放されたっていいじゃないの、っていう気持ちが私にはあるんですよ。

57 H　なるほど。ちょっと今までは言えなかったけど、もう子どももいないから、これからは言わしてもらうよ、って感じに奥さんは変わられたわけですね。

58 妻　私が変わることをすごく否定するんです。

59 H　（すぐさま夫に）否定というか、心配なんだよね？

60 夫　心配なんです。良く変わってくれればいいんだけど、なんか悪くなってるような感じがしてね。

61 H　いや、心配というのは、奥さんのことが心配ということではなくて、奥さんが変わってしまったあとのご自分の心配。

55　やった！　万々歳。さて「変化が苦手な人」が妻にも受け入れられるか（共有できるか）、レッツ・トライ！

56　受け入れたようだが、メインは自分の心情を語る。

57　その続きで、「変化」の展開に戻す。

58　「変化」に乗るがその文脈で「夫批判」。

59　「変化に困る」「変化に弱い夫」へ素早くギアチェンジ。

60　しかし「妻への不満」に展開しそうに。

61　「変化に困る」「変化に弱い夫」を明確に。

62 夫 えっ？ うん……まぁ、漠然とした、不安みたいのがあるかもしれないですね。
63 H うんうん。お仕事でも急な変化はほとんど経験しないんですものね。
64 夫 ずっと本社で地味な経理の仕事をしてますのでね。
65 H なるほどね。今まで人生的にも突然大きな変化が起きたとか、そんなことは？
66 夫 うーん。両親の死とか、あとまぁ結婚くらいで（笑）。ある意味順風満帆ではあるけれども変化の乏しい人生……。でもそれは安定していたということだと思います。
67 H 安定！ そうです、そうです。じゃあ今回はご主人にとってはちょっと初体験に近いような……。
68 夫 イヤな予感がする（笑）。
69 H （笑）イヤな予感がする。ちょっとこれまでにない変化の前触れみたいな感じがあるのね？
70 夫 そうです。
71 H なるほど！
72 夫 だから早めに摘んでおかないと。
73 H 摘んでおかないとという感じですか！ なるほどねぇ。（妻に）奥さん

---

62 反応良し。
63 促進。
64 乗っている。
65 さらに話題を広げて「変化に弱い夫」を構成したい。
66 反応良し。大きな変化をあまり経験していない。
67 「変化に弱い（不慣れな）夫」を促進。
68 良い反応。
69 さらに促進。
70 良い反応。
71 さらに促進。
72 良い反応。
73 夫には十分に「変化に

74 妻 はもともとすごく辛抱強いの？ そうですね。私も田舎の出だし、長女でしたし、家のことや子育てをちゃんとやるのは当たり前だと思ってきましたのでね。いろいろ我慢すべきだと思ってました。

75 H なるほど。

76 妻 でも、別に夫のこと蔑ろにしたこともないですし、ご飯だってちゃんと作ってきたし。そこをまったくなしにしようと思ってるわけじゃないのに。（夫に語気強く）私は私の時間をもっちゃいけないのかしら？ 私はあなたの娘じゃないのよ！

77 夫 （気色ばむ）

78 H （すかさず妻に）一つ聞いていい？ でもたぶんね、ご主人のその反応、予測してたでしょ？

79 妻 （落ち着きを取り戻し）……まぁ、そうですね。

80 H でしょ！ （夫に）奥さんが、本当はもっともっと自由にやりたいのにずっと我慢しておられたっていうのは、うすうすでも気づいておられたの？

81 夫 うすうすは気がついてましたけど、別にうちの特殊事情じゃないですしね。みんなそうじゃないですか。

---

74 困る」「変化に弱い夫」が入り、また、そのやりとりを聞いていた妻もそれを受け入れているような風情であったので、次の展開に入る。それは「変化に弱い夫へのしかるべき妻の対応」。

75 良い反応。

76 促進。

77 おっとっと。一気に「夫への不満」に流れ込む。

78 夫、それに乗って反発しそう。

79 妻の発言をブロックする。

80 良い反応。

81 展開を戻す。

76～77における気持ちの整理できないのか、

82 **H**　ああ、だから変化の準備をしてこなかったんだ！

83 **夫**　だから実際はまったく突然って感じですよ。だいたいね、子育てだけが彼女の仕事じゃないんですよ。別に私のおもりをしろとは言わないけれども、働きやすい環境を作ってもらいたい。それがやはり家内の仕事じゃないですか。なにかこう、アルバイトと言いながら趣味に走っているようにしか見えないんですよ。このままいって大丈夫なのかって、きっと家内も不安だろうけど。

84 **H**　（夫婦交互に見ながら）えっ、奥さんも不安？

85 **妻**　（夫に落ち着いた口調で）不安じゃないですよ、別に。

86 **夫**　（妻に）そう？

87 **H**　（夫に）たぶん今の不安はご主人の不安ですね？

88 **夫**　……そうですね。

89 **妻**　（夫に）私は今までちゃんとした人間関係をそれなりに築いてきましたから、そんな不安はもってないです！（Hに）私、主人の話聞いてて反省したんですけど、やっぱり主人を過保護にしちゃったかなと思ってます。

90 **夫**　（妻に）そういう反省かよ（笑）。

91 **妻**　（興奮して夫に）小さい子どもじゃないんだから、鍵を自分で開けて入

82　「妻への不満」に戻されそう。「変化への対応」に引き戻す。

83　しかし「妻への不満」が表出。

84　「変化に弱い夫」へ戻すため、妻のリアクションに頼る。

85　期待どおり。

87　「変化に弱い夫」を明確に。

88　良い反応。

89　妻に接近しすぎたせいか、「夫への不満」にまだ戻そうとする。

90　妻を刺激する。

91　「夫への不満」全開。

るのなんて当たり前じゃないですか！　ちょっと遅くなって自分で電気つけるなんて当たり前じゃないですか！　それをまるで悲惨なことのように言うのって、どうなの！

92 **夫** （気色ばむ）

93 **H** （すかさず妻に）でも、でも、でも、もう一度聞きます。奥さんのこれまでの過保護の結果なのかもしれないけど、ともかくご主人がそういった変化についていけなくて、ちょっとご主人に失礼な言い方しますけど、若干オロオロされるのはいくらか想像してたでしょ？

94 **妻** ……まぁ想像してましたね。

95 **H** でしょ！

96 **妻** でもここまで抵抗されるとは思わなかった。

97 **H** 過保護の影響もあったかもしれないけど、奥さんが想像する以上にご主人は変化への不安が強いタイプなのかもしれませんね。そういえば息子さんはどうなの？　変化とか、新しいことに対して不安になってしまうのは、ご主人と息子さんではどちらが強い？

98 **妻** それはもう絶対主人です。

99 **H** （夫に）やっぱりご主人ですね。

100 **夫** （頷く）

---

92 夫、それに乗って反発しそう。

93 妻をブロックしつつ（78の再現）、「変化に弱い夫」を再注入。

94 良い反応。

95 促進。

97 「変化への不安の強い夫」をいっそう明確に。

98 良い反応。

99 夫に再度確認。

100 良い反応。ここでほぼ

101 **H**　（夫婦交互に見ながら）それから、あと一つだけ教えてくださいね。さっき家の居心地が悪いっておっしゃいましたよね。奥さんの仕事のことで、お家ではしょっちゅうやりとりされてるの？

102 **妻**　はじめのうちは私も言ってましたけど、本当に取りつく島がないので、ここ一ヵ月くらいはほとんど口をきいてないです。

103 **夫**　先生、そりゃ居心地悪いと思うでしょ？　全然口きいてくれないんだから。

104 **H**　でも会話したらすぐにケンカになっちゃわない？

105 **妻**　ほとんど否定しますのでね、私の考えていることを。

106 **H**　あんまり話さないほうが安全？

107 **妻**　そうですね。

108 **夫**　そうだね。

109 **H**　そうだよね。

一呼吸置いて

110 **H**　さてさて、今日はよくお二人で来ていただきましたね。（夫に）ご主人に聞きたいんだけど、今日一回だけって感じで来られましたか？

「変化に弱い夫」「変化に対応できない夫」は完成と判断。「変化に弱い夫へのしかるべき妻の対応」は先送りとする。

101～109　家での会話がないことを肯定的に。

110～116　面接継続の確認と面接構造の提案・共有。

111 **夫** いや、なんかきっかけになればなと思っていたので、一回だけとは決めてないです。……っていうか、この先生ダメだなって思ったら、あ、失礼かもしれないけど、そしたら一回にしようとは思ってたけど。

112 **H** あぁ、そのときは遠慮なくおっしゃってくださいね。

113 **夫** いや、また来たくなりましたよ（笑）。

114 **H** ほんとですか？（笑）。それではご相談を継続してお受けしたいと思います。で、今後のことですけどね、……お二人一緒に来ていただくのはいいんですけど、当面の間、別々に面接させていただけませんか？

115 **妻** はい（頷く）。

116 **夫** そのほうが気分がいいかもしれないです。

117 **H** はい、そう思います。で、私がご主人と二人でお話ししたいことは……。実は、私もやっぱり変化に弱いタイプでしてね……。一〇年、二〇年経って、子どもが家を出たりしたら、当然変わりますよ、家族の形って。

118 **夫** （神妙な表情で小さく頷く）

119 **H** でも、それにすぐにはついていけないの。私にもそういうところがあるのでご主人の気持ちが非常によくわかる。だからこそ、ご主人の変化への不安については耳を傾けたいし、今後ね、まぁ奥さんがどういう決断をされるかはわかりませんけど、どういう風向きになっても、そこをう

117～119　夫面接の目的確認。

まく乗り越えていけるようにご主人のお手伝いをしたいと思っています。そのために、ご主人とぜひ何回か会いたい。変化を上手に乗り切るための作戦会議をしたい。

（夫婦ともしっかり頷く）

120 **H** （妻に）それと、奥さんとはまた別に会いたいんですよ。どんな夢をもっておられるのか、どんな希望をもっておられるのか、聞いてみたい。子どもも巣立ったので、今までのように辛抱することなく自由に羽ばたきたいという、その奥さんの気持ちはよくわかります。たぶんうちの家内だって奥さんと同じことを言うでしょう。

121 **妻** （頷く）

122 **H** （夫に）ただ私はついていけないけどね、なかなか（笑）。

123 **夫** 先生のような専門家でもそうなんですか。

124 **H** うん。そんなもんです。

125 **夫** （頷く）

126 **H** （妻に）でも奥さんの気持ちはもっと知りたい。ご主人が家族の変化にうまく対応できるようになるために、奥さんからいろいろ教えてもらうことは必ず役に立ちますので。

127 **妻** （頷く）

120〜131　妻面接の目的確認。

128 **H** そして、奥さんの上手な飛び立ち方、そういったことを一緒に考えさせていただけたらと思います。

129 **妻** （深く頷く）

130 **H** （慌てて夫のほうを見て）あ、どうなるかはわかりませんよ、飛び立ち方なんていうと、またご主人は不安になるかもしれないけど、ひょっとしたら奥さんは飛び立たないかもしれません。それについて、今後ゆっくり、それぞれとお話し合いをしていきたいと思います。そしていずれ近いうちにまた、こうして一緒に話し合いましょう。

131 **夫** （頷く）

132 **H** それから、当面の間、ご自宅でも話し合っていただく必要はまったくありません。というか、無理して話し合わないほうがいいでしょ？　煮詰まるばかりだし居心地悪いし。むしろ現在ほとんど話し合っておられないのは、ここ一番乗り切るためのお二人の知恵だと思いますよ。

133 **H** （夫婦とも頷く）
いずれはもっと居心地良い感じで話し合うことができる日が来ると思います。

134 **夫** （深々と頭を下げて）よろしくお願いします。

135 **H** （夫婦交互に見て）面接は同じ日にお二人一緒に来ていただくことでよ

---

132 自宅での課題。会話のないことに肯定的意味づけ。

135〜139 エンディング。

ろしいですか？　別の日がいい？

136 **妻**　それは主人の仕事の状況次第で、合わせます。

137 **夫**　（妻に）ありがたい。

138 **H**　では次回からそんな形でお目にかかりたいと思います。

139 **夫婦**　どうぞよろしくお願いいたします。

H氏の夫婦面接のポイント

この面接の一番の特徴は、初回面接ではあるけれども、クライエントの認知的な枠組みと関係の枠組みをかなり早い段階で積極的に変えようとしていることです。あらかじめK氏が行った面接の様子が伝わっていたので、H氏はある程度の準備をしていたのでしょう。

準備されていたことは、大きく分けると二つあります。

一つは、「妻の変化が不満である夫。妻の希望を受け入れない夫。自分の価値観にこだわる夫。寛容でない夫。頑固な夫」などと表現できる枠組みに対して、「妻の変化に適応できない夫。変化に弱い夫。不安の強い夫」といった新しい意味を与えることです。これは認知的な枠組みへのチャレンジです。

そのチャレンジを開始するにあたり、H氏は妻の語り（14〜）を聴きながら、ある現象の出現を待っています。やがて妻は夫への不平を口にするに違いない。それはK氏との面接でも見られたので、やはり今回も生じる確率は高いと予測できます。案の定、妻は夫への不満を述べはじめます（20）。H氏は、待ってましたとばかりに、その直後に最初のチャレンジを入れます。「今までと形が変わるからでしょ？」と（23）。

キーワードは「変化」です。以後、このキーワードで会話を展開しようとしていることが窺えます。H氏はなんども「変化」にかかわるタームを用います（26、28）。話が少々脇道に逸れそうになっても、できるだけ自然にそこへ戻そうとします。

そして、ある程度共有できたところで「ご主人にしてみれば、奥さんに変わられるとなにか困ることがあるんじゃないですか？」と質問しました（32）。つまり、「変化に困っている夫」といった枠組みの形成にチャレンジを開始したのです。さらにその質問がスムーズに入ったと見ると、それに続くやりとりにおいて、「変化は苦手」「変化に弱い」「対応困難」などといった言い回しを連続的に使いました。同様に「心配」「不安」といった言葉も盛り込みます。このような一連の作業により、会話が進むにつれて「変化への不安が強くてうまく対応できない夫」といった新たな認知的な枠組みが構成されていったのです。

終結部分では、新しい意味が共有されたことを確信したようで、H氏はセラピーの目標を「変化への不安の強い夫を援助し、適応できるようにすること」であるとし、同意を得ました。また、妻をその協力者の立場に置いたわけです。

H氏の面接でもう一つ準備されていたことは、面接室での夫婦の「対立」のエスカレーションをブロックすることでした。これは関係の枠組みへのチャレンジです。

先のK氏の面接ですでに関係の枠組みを理解していたので、H氏は「夫（妻）の意見をどう思うか？」といった質問を一切しないようにしています。夫婦のやりとり（「対立」「口論」）をエスカレートさせるに違いないからです。もちろん、その種の夫婦間のエスカレーションを用いてなにがしかの変化を作ることも可能ですが、ここでのH氏にはその意思は微塵も感じられません。そこは扱いにくいと考えたからでしょう。逆に、妻が夫への不満を口にしたとき、そのタイミングで（既述どおりの）新しい意味を投入しようとしたり、あるいは「一つ聞いていい？　でもたぶんね、ご主人のその反応、予測してたでしょ？」と妻に指摘することで（78）、妻の口を封じています。つまり、引き続く夫の反論が生起しないようにしているのです。そのしばらくあとにも同じような場面で、「でも、でも、でも、もう一度聞きます。奥さんのこれまでの過保護の結果なのかもしれないけど、ともかくご主人がそういった変化についていけなくて、ちょっとご主人に失礼な言い方しますけど、若干オロオロされるのはいくらか想像してたでしょ？」と、このようにブロックしています（93）。夫婦の直接の会話が生起しないように動くと同時に、「夫は変化に対応できない」といった認知的な枠組みの形成をいっそう促進しようとしているのです。

H氏がこの面接前に計画・準備していたことは、主としてこの二点であったといって良いでしょう。SAらしい、ずいぶんと操作的な面接であるといえます。しかし（たまたま）それらが首尾よく入ったので、あたかも自然風に面接が進んだように感じられるのです。もしも準備していたことが（たまたま）うまく入らなければ、H氏は間違いなく他の作戦に切り替えていたことでしょう。とはいえ、それがどのようなものでありえたかはわかりません。その場そのときのクライエントの反応に応じて道はいろいろと分かれるからです。

ともかく、この面接は1～100までが重要なところであり、101以降はそれまでのやりとりのまとめに過ぎません。

しかしあと二点だけ、考察しておきましょう。

一つは、H氏が、当面の間は夫婦面接ではなく、それぞれの個人面接を提案したことです。この理由は、H氏には、個人面接のほうがクライエント夫婦とセラピスト双方にとって負担が少ないと感じられたからです（H氏が夫婦のエスカレーションを面接場面でブロックしたことも同じ理由からです）。実際上は個人面接よりも複数面接のほうが能率的だし、また本来H氏は複数面接を得意とする人であったにもかかわらず、です。そのようなセラピストであっても、自分自身が「このままの形態では場を仕切るのがしんどい」と感じたなら、他の形態を選べば良いのです。無理して夫婦面接にこだわることはありません。H氏はそのように考え、当面の間は個人面接とし、時期を見て、つまり比較的楽に面接場面をコントロールできそうだと判断したとき、あらためて夫婦面接に切り替えるといった形式を採用しました。

もう一つは、H氏が、当面の間は家で会話をしないよう夫婦に提案したことです。これは、夫婦のエスカレーションを自宅においても避けたいなどと考えたからではありません。自宅ではすでにほとんど会話をしていないと語られていたので、それをそのまま続けるように指示しただけのことなのです。ただし、「会話のないことは居心地が悪い」といった枠組みが、「会話のないことは二人の知恵である」と肯定的に意味づけられました。いわばH氏は「会話がない」ことから毒だけを抜こうとしたのです。また、この指示は従っても従わなくてもどちらでもよいタイプのものであったといえます。これは治療的二重拘束です。つまり、夫婦が指示に従うと、(良し悪しは別にして)「セラピストの指示に従う」といった治療関係の枠組みが強化されますし、仮に指示に反して家庭で夫婦の会話が始まれば、それはそれでまた変化の糸口となりえるのです。その場合、おそらくＨ氏は「家庭での夫婦の会話」を双方の個人面接時の話題としておおいに扱うことでしょう。

第5章 母娘面接

もう一つ、今度は母娘面接の様子を見てみましょう。

これは、先ほどの夫婦面接と違って、面接前のH氏にはほとんど情報がありません。したがって、面接前にはなにもプランがない状態です。

ここでも面接中にH氏が考えていたことを面接の進行に併せて記述しますが、読者はまず逐語録と面接のポイントだけを読み込んで、そのあとにもう一度、H氏の頭のなかを覗き見しながら逐語録を読み直してみてください。面接の展開がいっそうリアルに伝わってくるはずです。また、三人集まることができるなら、ぜひロールプレイで演じてみることをオススメします。

H氏の母娘面接

1 **H** （二人を交互に見ながら）こんにちは。
2 **母** こんにちは。
3 **H** どうぞ、おかけください。はじめまして、本日担当させていただきます、

H氏の動きの意味と頭のなか

1 娘はたいへんふてくされた様子だが、とりあえず二人に接近。

Hと申します。よろしくお願いします。
4 **母** よろしくお願いします。
5 **H** えっと、山下さんでいらっしゃいますね。
6 **母** はい。
7 **H** 娘さん、お名前は?
8 **娘** (ふてくされた様子で)……ゆりこ。
9 **H** ゆりこさん、よろしくお願いします。(母に)今日はこちらの場所はすぐにおわかりになりましたか?
10 **母** ちょっと迷いましたけど、なんとか。
11 **H** よかったです。(二人を交互に見ながら)さて、それでは今日はどんなご相談で。
12 **母** いつも通っている教育相談で紹介されましたので……。実は娘が、ちょっと行き詰まっておりまして。
13 **H** はい。
14 **母** で、親子セラピーっていうんですか? ぜひ受けてみたいと思って、娘も誘って……。
15 **娘** (母を遮ってHに)お母さんが、とにかく私がやっかいだからどうにかしたいと思って、いろんなところに連れ回す。

---

2 母親はHを受け入れOK。
3〜6 娘にも目を配りつつ母親に接近。
7 娘に接近。
8 娘はかろうじてHを受け入れ。
9〜10 まだ娘にはあまり接近しないようにして、母親とさらに社交を。
11 さて、問題の語り部は?
12 やはり母親だ。「娘の問題」との枠組みを提示。
13 いったん受け入れるも、娘を横目に入れるとたいへん不愉快そうな表情。あまりこの話を深めないほうが無難だろう。

16 **H** （娘に）えっ、どういう意味？　やっかいていうのは？

17 **娘** やっかい者。

18 **H** あらま。

19 **娘** （母に）そうだよね？

20 **H** （母に）どういうことをおっしゃってるのかしら？

21 **母** えっとですね……、あの……。

22 **娘** （Hに）不登校だし！　ずっと学校いってないし。

23 **H** 今、何年生？

24 **娘** 中三。

25 **H** 中三。もうどれくらいいってないの？

26 **娘** 小学五年生くらいからずっといってない。

27 **母** 運動会のちょっと前くらいから急にいかなくなったんです。

28 **H** もう四、五年経ちますね？

29 **母** はい。

30 **H** その間、まったくいかれてなかったんですか？

31 **母** 中学生になって、中間試験まではいってたんですけど、中間試験がちょっと点数がよくなかった……。いや、でも平均点はあったんですけど、しかし父親が……。

---

14 母親が主導的なようだが、娘はよく来たものだ。なにがあるのだろうか。

15 おっ、娘が語ってくれた。安堵。「母親の問題」との枠組み提示。

16 一気に娘に接近しよう。

17 娘、Hの働きかけを受け入れ。

18 娘に接近。

19〜20 娘が母親に話を振ったので、その娘の動きに合わせてみる。

21 ちょっと母親を戸惑わせた。

22 娘、Hに接近。

23〜26 Hと娘、接近。

27〜30 母親の接近を受け入れ。

31〜32 父親の話題が出るが、娘の不自然に感じられる遮り。「母親の

32 **娘**　（遮って）とにかくうっとおしい！　先生、どうにかしてこの人（母を指差す）。私、ここに来たのは、先生にどうにかしてもらおうと思って、この人を！

33 **H**　なるほど！　そこのところ、このあと詳しく教えてよ。（母に）で、お母さんは、どうなったらいいと？

34 **母**　もう中三ですし、高校にいってもらいたいし。

35 **娘**　そんなこと、どうでもいい！

36 **H**　（母に）お母さんは、そこをなんとか解決したいのね。

37 **母**　全寮制のね、フリースクールみたいなのがあるって聞いたので、そういう進路も含めて考えてはいるんですけど、なにしろ会話ができる状態でなくて。

38 **H**　なるほどね。

39 **娘**　（Hに）話できないよね？　こんなふうにベラベラ自分勝手なことばっかりしゃべって。

40 **H**　（娘に）なるほど。

41 **娘**　ひどいと思わない？

42 **H**　（娘に）ゆり子さんは、お母さんをなんとかしてほしいと思って来たんだよね？

問題」を強調。

33　娘を受け入れ、母親と再接近を図る。

34　「娘の問題」を再度強調し、Hに接近。

35　母親の枠組みの否定、あるいは母親のHへの接近をブロック。

36　それを無視して母親に接近。

37〜38　母親に接近。

39　Hを自分の味方につけようとする。

40〜45　娘に接近。

43 **娘** そう！　いちいちとにかくうるさい！　私がこれからやろうと思ったことでも「できてない、できてない」って言うし。
44 **H** うん。
45 **娘** なんでこんなにうるさいのって思う。
46 **H** （二人に）あの、ごめんなさいね、教育相談には二人でいっておられたの？
47 **母** 教育相談は……。
48 **娘** （遮って）連れていかれた！
49 **H** （娘に）連れていかれた？
50 **母** 親子別々の面接でした。
51 **H** （母に）じゃあこういう形は初めて？
52 **母** はい。
53 **H** （娘に）一緒でもいい？
54 **娘** （Hに）別々にやってたってこの人全然変わらないもの。
55 **母** （Hに）中三になったし、今後のこととか考えないといけないし、私もね、しんどいんです。
56 **H** （母に）うん、そっかぁ。
57 **娘** （Hに）あのさ、先生。この人ね、私のことばっかり言ってるけど。

---

46 ここまでの話題からいったん離れる。回避。
48〜49 娘に接近。
50〜52 母親に接近。
53 娘に接近。
54 娘、「母親の問題」再提示。
55 母親、「娘の問題」再提示。
56 母親を受け入れ。
57〜63 娘反発。「母親の

58 **H**　うん。
59 **娘**　この人にも問題あるのよ。
60 **H**　うん。
61 **娘**　なんか私が悪いって感じで来てるでしょ？
62 **H**　お母さんが言うにはね。
63 **娘**　先生はどう思う？
64 **H**　（頭をかいて）いや、まだよくわかんない。
65 **娘**　（叱るように）だから私の話も聞いて。
66 **H**　（慌てて）もちろん、もちろん。もっと教えて。
67 **娘**　（不満そうに）なんか先生、お母さんのほうばっかり向いてるから……。
68 **H**　（軽く）あっ、そうでしたか、ごめんごめん。
69 **娘**　いいけど。（プイッと横を向く）
70 **母**　（Hに）いつもこんな感じなんです。どう思われますか？
71 **娘**　（母に）お母さん、私なんかいないほうがいいんでしょ！
72 **H**　（遮って二人に）あのさ、ゆり子さんとお母さんが求めていらっしゃること、ずいぶん違うようなんですけども、どっちの話から始める？　お母さんの話から？　ゆり子さんの話から？
73 **母娘**　……。

問題」を提示し、Hに積極的に接近。H、受け入れ。

64 娘と距離を取る。
65 娘、接近を要求。
66 少々慌てて受け入れ。
67 娘、さらに巻き込み。
68 冷静に戻ったので、受け入れつつ距離を置く。
69 自分に惹きつけるための振る舞い？
70 すかさず娘批判。Hと接近しようとする。
71 母親を問題とする。おそらくHへの接近。Hは振り回されている感覚をもつ。このパターンからの脱出の必要性

74 **H** （二人に）どっちから始める？　同時にはできない。どっちから始めるか決めてくれたらそっちからなんとかする。約束する。
75 **母** ……この子の話を先に聞いてやってください。
76 **H** いいんですか？
77 **母** はい、いいです。
78 **H** さっきの話を聞く限り、彼女の話はお母さんが変わらないとダメって話ですよ。
79 **母** ……。
80 **H** ほんとにいいのね？
81 **母** ……。
82 **H** お母さんの許可さえもらえたら、いくらでもそのことをゆり子さんから聞きたいんだけど。
83 **母** （娘に）ゆりちゃん、お母さんにね、なにが変わってほしいの……？
84 **H** （すぐに遮って）ちょっと待って、ちょっと待って。聞いていいの？ほんとにその話をしていいの？
85 **母** え、どうしようかな……。
86 **H** ……彼女の話から始めますか？
87 **娘** （母に）わかってるんだよね？　自分がどうしたらいいかって。ほんと

を強く感じる。

72〜74　話題を変えて仕切り直し。「なにが問題か」から「どの問題から始めるか」へ。

75　娘に譲歩。

76〜82　母親を追い込む。

83　回避。

84　回避ブロック。

85〜86　母親を追い込む。

87〜88　脱線。結果的に回

88 **母**　はわかってるんだよね。（娘に）なんでそんなに怒ってるの？　お母さん、なにかした？　お母さん、あなたが学校にいかないから、お友だちとの約束もいつもあきらめているのよ。家では『そばにいて、そばにいて』って甘えるくせに、他人の前ではこうやって、私の悪口を言う。

89 **H**　うん。で、今日は構わないの、そんな話を私が聞いて？

90 **母**　……まあ、それでね、なんとかなるんだったら……。ねぇ、……なんとかしてください。

91 **H**　じゃあ、彼女の話から始めていいですか？

92 **母**　……そうですね……。（うつむき加減）

93 **H**　私に許可を頂戴。

94 **母**　（顔をあげて）じゃああとでまた、私の話を聞いていただくということで。

95 **H**　とりあえず彼女の話を聞いていい？　いいですか？

96 **母**　はい、私も聞きたいんで、聞きます。

97 **H**　いいですか？　ほんとですね。はい、オッケー！　（娘に）はい、ごめん、遅くなりました。お母さんにどうなってほしいか、もう一回じっくり教えてくれる？

88　避。放っておくと、もとに戻る展開。

89　回避ブロック。

90〜95　母親を追い込む。

96　決断。

97　母親の決断を受け入れ、娘の枠組みを中心に話を進めることにHの腹

98 **娘** ……うるさい、いちいち。

99 **H** もっと具体的に教えて。

100 **娘** 私が家でずっとパソコンしていて……パソコン得意なので……お父さんもパソコンが得意で。

101 **H** お父さんも？

102 **娘** うん、お父さんに似たのかどうか知らないけど、似てることがどうやら腹立つみたいで、私がカチャカチャしてたら……。

103 **H** （遮って）ちょ、ちょっと、なんだって？

104 **娘** （イラついたように）聞いて！　せんせい！

105 **H** （慌てて）ごめん、ごめん。

106 **娘** カチャカチャしてたら、すごい怒ってくる。パソコン触ってるだけなのに。

107 **H** 触ってるだけなのに？

108 **娘** 音がうるさいって。

109 **H** 音がうるさいって、パソコン触ってるだけで文句を言うわけだね。

110 **娘** なんかいちいち、うん、とにかくなにかにつけ。……たぶん私がお父さんに似てるから……。

111 **H** お父さんに似てるから？

98〜99　娘に接近。31が脳裏に浮かぶ。

100　父親の話題。31が脳裏に浮かぶ。

101　話題を広げたい。

102　両親の関係にかかわる話題出現。

103　食いつく。

104　Hをブロック。

105〜109　娘を受け入れいったん引き下がる。

110〜111　父親の話題（おそらく両親の関係にかかわる）再度出現。慎重

が決まる（この面接の重要なポイントの一つ）。

112 **娘** うん、だからすごい怒ってくるし、イライラして八つ当たりしてくるし。
113 **H** やめてと言ってもお母さんは変わらないの？
114 **娘** ケンカになる、すっごい。私がカチャカチャしてると、うるさいって、すごいケンカになる。
115 **H** うん。
116 **娘** 言い合いになる。
117 **H** 言い合いになる。そして？
118 **娘** で……お母さん、困って教育相談いく。
119 **H** その場ではどうなるの？　言い合いは、どういうふうに終わるの？
120 **娘** (躊躇して) 言わないとダメ？
121 **H** もしよかったら教えて。お母さんを変えたいんでしょ？
122 **娘** うん……。(小声で) なぐる。
123 **H** ん？
124 **娘** (きっぱりと) なぐる。
125 **H** お母さんがあんまりしつこく言うときは、なぐるわけだ。なぐるとどうなる？
126 **娘** 終わる。
127 **H** 終わる！　そこでお母さんは言わなくなるんだね。なぐって初めて言わに。

---

112 「母親の問題」提示。
113〜126 娘の対応。コミュニケーションの連鎖を円環的質問で。
127〜128 娘の暴力の機能。

なくなるんだね。

128 **娘** そう。

129 **H** なるほど。でもたぶん、なぐらなくても終わってほしいよね。

130 **娘** でも、人はなぐらないと、言うこと聞かないし。

131 **H** 他には誰がなぐるの？

132 **娘** 言うこと聞かないからって、なぐって言うこと聞かせようとする親、多いじゃない……。

133 **H** お母さんもあなたのことをなぐったりするの？

134 **娘** （首を横に振る）

135 **H** お父さんは？

136 **娘** ……。（首を横に振る）

137 **H** ないのね。じゃあ、もう一回聞くけど、今のところ、あなたはなぐってお母さんを止めることはできるんだけど、なぐるというのはできたらやめたいの？　それともそれはやめたくないの？

138 **娘** わからない。うちのルールはそれだし。だってお母さん、めっちゃお父さんになぐられてる！　うちのルールはそれだもん。なぐられて黙っているから……。

139 **H** 黙ってる。

---

129 別のものに置き換えることの可能性・希望について打診。

130 何が言いたいのか……。

131～135 探る。

136 微妙な動き。

137 もう一度、129に戻る。

138 出た。

139～141 ついていく。

140 **娘** それが見てて……。

141 **H** それが見てて？

142 **娘** （母に強い口調で）どんな気持ちなの？　だからいらないんだよね！　お父さんのことも私のことも！

143 **H** （すぐに遮って）ちょっと待って、聞きたいことはね、あなたがお母さんにどう変わってほしいと思ってるかということ。その協力がしたいの。お母さんを変えたくて来てるんでしょ？

144 **娘** 先生、わからないの？

145 **H** ごめん。まだ、わからない。

146 **娘** これだけ話を聞いても？

147 **H** 二つの可能性を考えてる。あなたにうるさく言わないでほしいのか、お父さんに対して強くなってほしいのか。どっちなの？

148 **娘** ……。

149 **H** ゆり子さんはどっちを求めてる？　それに協力する。

150 **娘** ほんとにしてくれる？

151 **H** うん、ほんとにする。

152 **娘** ……お母さんがなぐられてるの、見るのつらい。（少し興奮して）でも、そんなこと言いながら、なんで私、お母さんをなぐるんだろ。お父さん

---

142 母親批判。情緒的な話題に脱線。回避？

143 ブロック。もとへ戻す。

144 察するよう求める。回避？

145 拒否。

140 察することをさらに求める。回避？

147～151 追い込む。

152 母親の心配（味方であること）を表出。しか

になぐられてるお母さん、嫌なのに！　もうわけがわからない！　もういい！　先生、お母さんの話を聞いて。私はもうここまででいい。お母さんのほう聞いて。残りの時間も少ないでしょ。

153 **H** いいや。だって、あなたのことがまだ解決してない。あなたのリクエストにまだ応えてないもの。さっきお母さんと約束した。まずあなたがなんとかしたいことを、なんとかできるようになってから、次にお母さんのことをするって。

154 **娘** （開き直った感じで、しかしすっきりと）じゃあ、後者のほうです！　先生がさっき二つ言ったあとのほう。

155 **H** うん、お父さんに対して強くなってほしいというほうね。

156 **娘** お母さん、なにもわかってないから……。

157 **H** わかってない。

158 **娘** ……。

159 **H** そのことで、あなたなりになんとかしようとしたことはあるの？　たとえば、お母さんに意見したとか、お父さんに意見したとか。

160 **娘** 覚えてないです。

161 **H** 覚えてない。

162 **娘** でも、お母さんのそばにいないとダメだって思ってたかも。とにかく離

し回避的動き？

153 ブロック。

154〜155 面接の方向性が明確に（この面接の重要なポイントの一つ）。

156〜158 「娘は母親の味方であり、母親を助けようとしている。助ける能力がある」このような枠組みの形成をセラピーの目標とすることを、ここでHは決断。

159〜165 その目標に沿った動きを開始。探る。

れたくなかった。

163 **H** なるほど。あなたが学校を休む前と休みだしてからとで、なんか違いがあるの？　お母さんのそばに居るようになってから。

164 **娘** ……覚えてない。

165 **H** 覚えてない。うん、いいよ。

166 **娘** （母に）とにかくお母さんは、私のことなんかより、先に自分のこと考えないといけないんじゃないの？　どう？

167 **母** ……。

168 **娘** （母に）自分のこと考えたらいいのに。

169 **母** （娘に）自分のことってどういうこと？

170 **H** （母に）お母さん、耳栓してたの？（笑）

171 **母** えっ（笑）。

172 **H** （母の耳もとに手を伸ばしながら）耳栓取りましょか？（笑）

173 **母** 私はこの子を育てるために辛抱してきたんです。主人とは結婚して以来ずっとケンカも多いですし、二言めには怒鳴られ、手もあげられ、それでもこの子のために歯を食いしばって頑張ってきたんです。

174 **H** はい。

175 **母** この子が不登校になるまではパートにもいってたんですけど、この子が

166〜168 娘から母への提言。様子を見たい。

169 回避。

170 ブロック。

172 ブロック。

173 「夫婦関係の話題」を語りはじめる。

174 受け入れ。

家に居てって言うからパートをやめたんです。この子も大事な時期だと思って、できる限りのことをしてやろうと思ってきたのに、今ではご飯を作ってもこんなの食べたくないって言って、気にいらなかったら手もつけない……。

176 **H** （遮って）いや、そんなこと聞いてないんですよ、ごめんなさいね。今、優先順位はね、彼女の希望からなんとかしたいんです。いいですか？ 彼女の日頃の振る舞いなんて聞いてない。彼女は、お母さんがお父さんになぐられるのがつらい。それをずっと辛抱してきてる。そのことが心配なんですよ。そのことをまずなんとかしたいんです。それに協力できますか？

177 **娘** （Hに）心配っていうか、バカじゃないかと思う。

178 **母** （Hに）でも、私さえ我慢したら別にいい話だし。

179 **H** いい話じゃないんです。彼女にはよくないんです、それが。

180 **娘** （母に）だってお母さん、我慢してるから、私にいちいちろんなこと言ってくるんでしょ？

181 **母** （娘に）あなたが、しっかりと、私が居なくなってもやってけるって見届けるまでは……。

182 **H** （遮って）お母さん、彼女はお母さんがお父さんからなぐられること、

---

175 「娘の問題」へシフト。回避。

176 ブロック。

178 回避。

179 ブロック。

181 「娘の問題」へ向かいそう。

182 ブロックし、明確な方

まずはこのことをなんとかしたいんです。そのことを解決したいっておっしゃってる。私も賛成です。お母さん、さっき私に言ったでしょ、娘の話からなんとかしてくださいって。

183 **母**　はい。

184 **H**　そのことから取り組むことはできますか？　もしもお母さんがそのことからやりましょうっておっしゃったら全面的にお付き合いします。それがイヤだって言うのなら、お引き受けするのはやめる。

185 **娘**　（慌てた様子で）やめる？　先生、それって無責任じゃない！

186 **H**　（平然と）うん、無責任だよ。だって肝心のお母さんがそのことに協力してくれないんだったらどうしようもない。

187 **母**　私の、私の問題なんですか？

188 **娘**　（Hに）先生！　私、別にお母さんが悪いと言ったわけじゃないし。

189 **H**　（娘にすかさず）うん。お父さんが悪いんだよ。

190 **娘**　（母に）私、お母さんのこと責めてるんじゃないし。

191 **H**　（二人に）そうだね。

192 **母**　（Hに）私が暴力から逃げないからこの子が学校休んでるってことなんでしょうか？

193 **H**　知りません。そんなことはまだわかりません。ただざっき、お母さんの

向づけ。

183 母親、受け入れ。

184～186 追い込む。

187 母親、自責。ちょっとやりすぎたか（H、反省中）。

188 娘、母親に保護的動き。よし！

189 受け入れ。

190 さらに娘、保護的動き。よし！

191 受け入れ。

192 母親、また自責に流れそう。

そばに居ることが大事なんじゃないかなって思うと、おっしゃったでしょ。ひょっとしたら彼女、学校を休んでもお母さんを守りたいのかもしれない。

194 **娘** （照れくさそうに）いや、守りたいとか、そんなこと思ってないって。

195 **H** ごめんごめん、言いすぎた？

196 **娘** わからないけど。

197 **H** うん。

198 **娘** でもなんか先生、ほんとにイヤなの。……って、先生に言ってもしょうがないよね。（母に）お母さん、イヤなの！　この状況が！　この状態が！

199 **母** （娘に）お母さんだってイヤよ。

200 **娘** イヤだよね！　そこ、二人一致してるのに、それなのに、なんで私らこんなふうになってんの？

201 **母** なんで？

202 **娘** （Hに）なんで先生？　なんで？

203 **H** （娘に）……きっとお母さんは、お父さんとの関係は変わらないと思い込んでる。

204 **娘** （Hに）変える気がない？

---

193 その流れを打ち消したうえで、調子に乗って「学校にいかないことで母親を守っている」（「母親の援助者としての娘」）を匂わす。

194 娘、受け入れず。

195～197 [冗談で流す。娘も流してくれる。

198～201 母娘が「夫婦の問題」の共有。

202～205 「夫婦の問題解決」のモチベーションをあげる方向。

205 **H** (娘に)変えたいかもしれないけど、変わりっこないと思ってるんじゃないかな。

206 **娘** (Hに)たしかにお父さんは変わらないよね。でも、お父さんとお母さんの関係は変えられるよね、変える気があったら！　……先生、そんなことない？

207 **H** ある。変えられる！

208 **娘** (母に)お母さん、よく「あなたはお父さんにそっくりだ」って言うじゃない。だから私はお母さんにすごく嫌われてるって思える。お母さん、お父さんのこと大嫌いだもの。

209 **母** (慌ててHに)そんなことないです。そんなことないんですけど、でもまぁ、たまにやっぱり親子だから似てるので、この子もだんだんそうなっていくんかなって思ったら、今まで一生懸命子育てしてきたことが嫌になってきて……。夫婦関係はあきらめてるところがありますけど。

210 **H** (母に)夫婦関係はあきらめたの？

211 **母** うん、そうですね。この子が一人前になってくれさえしたら……。

212 **H** だから、この子が一人前になるかどうかの前に、夫の暴力をなんとかしようって話なんだけど。

213 **母** ……変わってくれるかな。変わってくれたらいいとは思うんですよ。っ

---

206 娘、Hを補助。「母親の援助者」としての発言。ナイスな展開！

207 H、胸弾む。

208～210 「夫婦の問題」に沿ってのやりとり。

211 「夫婦関係を変えるためにもまず娘から変わってほしい」と匂わす母親。しぶとい。

212 まずは「夫婦の問題か

ていうか、この子がちゃんとしてくれないから、夫の機嫌が悪くなって、私があれこれ言われたりするから、この子さえいい子になってくれたら、ね、夫との関係も良くなるんじゃないかなって。

214 **娘** (母に)やっぱりそう思ってるんだね、お母さん。私さえいい子でいたらいいんだ。(Hに)そんなことばっかり。学校いけとかさ、成績がどうのこうのとかさ、わけわからない。

215 **H** (母に)お母さんはお父さんとうまくやりたいけど、直接なんとかしようとするんじゃなくて、ゆり子さんを通してお父さんとの関係を変えようとしているのね? でも、その条件が、ゆり子さんが学校にいってちゃんと勉強するなんてことだとすると、そんなことはできるわけがない! (声を落として娘に)……あ、ごめんごめん。急にそんなこと無理だよね実際、ね?

216 **娘** (笑)うん。

217 **母** でも毎日、今日は学校にいったのかって聞かれるので。

218 **H** お父さんに聞かれる?

219 **母** そうなんですよ。で、いかなかったって言うと、おまえの教育が悪いみたいなこと言われて、でも私もそれなりにやってますって……。

220 **H** 言っちゃうんだ。

---

213 ら」再度強調。「夫婦関係を変えるためにもまず娘から変わってほしい」と母親反論。やばい、議論になりそう。

214 娘、Hと連合し母親に反論。

215 「母親には夫婦の問題の解決のための意欲はあるがやり方が間違っている」とのメッセージを冗談っぽく。

216 娘、Hに合わせる。

217〜234 暴力を含む夫婦のコミュニケーションの連鎖を聴取。

221 **母**　言ってしまったら、お父さんがますます怒りだして。すると私も、あなたは娘が小さい頃から子育てになんにも協力してくれなかったし、この子が学校でトラブったときだってなにも相談に乗ってくれなかったとか、つい昔の愚痴を……。

222 **H**　言っちゃうんだ。

223 **母**　言ってしまうんですよね。

224 **H**　そうすると？

225 **母**　そうすると、さらに火に油を注ぐっていうんですか。どんどん言い合いになって、最後は……。

226 **H**　バーン、だね。（娘に）お母さん、下手だね。どう思う？

227 **娘**　（Hに）うん。バカ。

228 **母**　お酒が入るとダメですね。

229 **H**　お酒が入ったら自動的に？

230 **母**　いや、晩酌中に、まあ些細な話をしてて……たとえばニュースとか見てるとき、夫は自民党が好きなんですけど、野党はけしからんみたいなことを言う。それで、でもこういう考え方もあるんじゃない、みたいなことを私が言ったりすると……。

231 **H**　言っちゃうんだ。

232 **母** バカだのアホだの言われて、最後は暴力。

233 **H** それはすぐ出てきちゃうの？　何回かのやりとりのあと？

234 **母** 何回かのやりとりのあとです。この子のことがあるから、私も相談したいから話しかけるじゃないですか、そのなかで……今日も学校にいかなかったとか、どうしたらいいと思う？　とか、フリースクールの話はどう思うとか、一緒に相談にいこうとか、そんなこと言うと夫はすぐにキレるんですよ。

235 **H** そのなかでお母さんがなんか余計なこと言うと、バーンと？

236 **母** （不満そうに）私が余計なこと言ってるんですか？

237 **娘** （Hに）お母さん、余計なことなんか言ってないよ。

238 **H** （娘に）うんうん、もちろんもちろん。

239 **娘** 悪いのはあいつだし。

240 **H** もちろん。もちろん、悪いのはお父さんよ。ゆり子さんから見て、お母さんがここを工夫したらなぐられなくてもすむのになぁ、下手だなぁ、って思うのはどこ？

241 **娘** どこかに離れていたらいいと思う。

242 **H** （膝を打って）離れる！　なるほど！

243 **娘** くっつくから、ついつい話しかけるから……。そこがバカだと思うのよ

---

235 しまった、口滑らした！

236 やばい。

237 おおっ、娘が母親を守ってくれた。

238 受け入れ。

239 さらに母親を守る。

240 受け入れ。勢いに乗って、娘を援助者に見立てる質問。

241 出た!!

242 受け入れ！

243 実に良い展開！

ね。

244 **H**　そこそこ、そこが聞きたいの。

245 **娘**　話しかけるから、なぐられる。離れておけばいいのに、なんで近づいていくのって思う。

246 **H**　近づかなければいい！　そこ、そこそこ！　（母に）お母さん、なんで近づくの？

247 **母**　この子をなんとかしたくって、夫婦で相談しなければと。

248 **H**　はいはい、この子はなんとかします。でもその前に、まずはお母さんがお父さんから暴力受けずにすむ状況を作りましょう。それが彼女の望みなんですから。（娘に）それが叶ったら、次はお母さんの望み聞いていい？

249 **娘**　（素直な感じで）うん。

250 **H**　（娘に）とにかくちょっと離れることだ。

251 **娘**　（母に）お父さんになんか構わなければいいよ。

252 **母**　（打ち明ける感じで）実は、私、一人で家を出ることを考えたこともあるんですよ。

253 **H**　（驚いたように）えっ、いきなりそこまで離れる話!?

254 **娘**　（驚いたように）そんなこと、お母さん考えたことあるの!?

244　受け入れ！

245　ナイス・アドバイザー!!

246　乗る。

247　いいわけ。母親の巻き返し。

248　「まずは夫婦関係の問題解決から」を明確・強化。娘を味方に。

249　協力。

250〜251　「娘は母親の援助者」の枠組み強化。

252　母親、「夫婦関係の問題解決」に乗るが、やや脱線か。

253　もっと日常の工夫レベルに修正したい思惑。

255 **母** だから、とにかくこの子さえなんとか一人前になったらって。それでますますムキになってこの子をなんとかしようとしていたのかもしれないけど。

256 **娘** （Hにあきれた感じで）先生、他にも良い方法あるよねぇ（笑）。

257 **H** （娘に）なんでいきなりそこまで極端な話に（笑）。彼女がもしも普通に学校にいきだしたら、お母さんはもう家族を捨ててどっかにいくみたいな計画。そんなんだったら、ゆり子さん、ますます学校にいかないよね。

258 **娘** （笑）そういうことだよねぇ！

259 **母** （笑）そういうわけでは……。この子が学校にいくようになれば夫婦関係も良くなるかなって。

260 **H** （娘に顔をしかめながら）甘いなぁ、それは甘いよな？

261 **娘** （母に）だって、お父さんは変わらないって。なんで私をあの人のところに置いていかなきゃダメなの？　授業料や生活費のことなんかもあるかもしれないけど、お金のことだったらさぁ、たとえば自分の実家の両親に頼るとかさぁ、自分だって働けばいいじゃない。私もバイトするじゃん。高校生になるんだし。

262 **母** （目を大きく見開いて）え、ほんと？

263 **娘** （慌てて）うーんと、今ちょっと口滑ったかも（笑）。まぁ、先のことは

---

254 娘はあきれながらも母親の発言に関心を示す。

255 再度、いいわけでもあり、「娘の問題」へのしがみつきでもあり。

256 娘、乗らない。「母親の援助者」としてのコメント。

257 「学校にいかないこと」も援助の一つと意味づけ。

258 娘、乗る。

259 母親、「娘の問題」が「夫婦の問題」よりも先決との枠組みを絞り出す感じ。

260 ふざけた感じで否定。

261 娘も否定。「問題の解決者」としての語り。

262 「娘の問題」枠組みに沿う形での解決への語

264 **H** わからないけど……。（困って）先生、なんとか言ってやって！
265 **娘** （茶化すように）知らんぜ～、そんなこと口滑らせたら～。お母さん目がキラキラしているぞ～、知らんぞ～。
（母に）うん、とにかく、方法は一つじゃないと思うんだ。少しずつ、お父さんと上手に距離をとってよ。それを考えようよ。極端に、その、私を置いていくっていうのはやめてほしい（笑）。気持ちはわかるよ。私、お母さんに暴言吐くし、お母さんのことなぐったりしてるし。でもそれってすっごい悪いと思ってんだよ。（Hに）実は先生、私ここに来た目的は、この人（母親）をなんとかしてもらいたいってのが第一目的で……。
266 **H** うん。
267 **娘** 第二目的があったの。
268 **H** うん、なに？
269 **娘** だから、私、お母さんのことなぐりながら……つらい。
270 **H** うん。
271 **娘** だから、それも聞いてもらおうと思って……。
272 **母** （娘を凝視。涙目）

---

263 娘、思わずその枠組みに乗ってしまったことへの修正。りに母親が注目。
264 娘に協力して修正。
265～266 娘、「母親の援助者」として振る舞う。
267～272 娘、「自分の問題も解決したい」と初めて打ち明ける。

逐語録はここまで。

以後、面接はエンディングに向かい、「母親が父親から暴力を受けなくてもすむよう、父親への対応について一緒に考えていく」ことが（当面の）母娘面接の目標となった。

H氏の母娘面接のポイント

夫婦でもそうですが、母娘の場合でも、両者の「意見の対立」はつきものです。それぞれの認知的な枠組みがあって、それに基づいたコミュニケーションが行われるわけですが、両者が折り合うことがないと、「主導権争い」とでも意味づけできる様相を呈することになりがちです。「相手が問題。変わるべきは相手である」。このような「認知的な枠組み」をベースに、堂々巡りの「関係の枠組み」を繰り返している。こうした問題持続システムはたいへん一般的であるといえます。そして、セラピストがその問題持続システムに加わろうとすること（面接を始めること）は、セラピストが「綱引きの綱」になるのだといった覚悟が必要でしょう。それはセラピーの初期によく見られる「治療関係の枠組み」なのです。

セラピストは、「綱」を演じ、あちらに引かれこちらに引かれしながら、両者との距離を縮めていきます（ジョイニング）。そのための重要なやりとりが続きます（1～71）。

どの面接でもジョイニングの先にはいろいろな方向性がありえますが、まずここでH氏が選択したのは、72、74で大きな「話題の転換」を図ることでした。「問題はなにか」から「どの問題から解決するか」へと話題の転換。このあたりからが、種々の枠組みを変えるための介入開始であった。変化へのチャレンジ開始であったといえます。

そしてこれはうまく入り、75で母親が「主導権争い」から降りようとする動きが出現しました（娘に優先権を与えようとしました）。Ｈ氏はその流れをすぐに掴み取り、それ以降の面接室での会話のルールを、慎重かつ丁寧に、明確にしようとしています（76～97）。これは治療関係の枠組みを変えようとしているのです。そして、「母親が許可した」ので、Ｈ氏は「娘に堂々と接近する」振る舞いの自由を得たのです。

アンバランシング（バランス崩し）という技術があります。これは、膠着したクライエントたちの「関係の枠組み」に変化を与えるために、セラピストがわざとどちらかに肩入れする方法（そのような「治療関係の枠組み」を形成する方法）ですが、本事例では、決して強引ではなく、展開に乗った自然な流れのなかで、結果的に娘に肩入れするという面接の方向性ができあがったということです。97以降のＨ氏は腹を決めて娘と接近し、娘の「認知的な枠組み」を中心に会話を展開させています。それをベースにして、母親の「認知的な枠組み」に（できるだけの配慮をしつつもいささか強権的に）変化を与えようとします。

さて、話題はすぐに「父親の母親への暴力」となりました。Ｈ氏は「父親の問題」との枠組みに乗りすぎることなく、もちろん「（娘次第で夫婦が変わるので）やっぱり娘の問題」との母親の枠組みにも一切乗らず、なにより「母親の父親への対応の問題」といった枠組みの形成を目的に質問を続けました（217～235）。そして、236～246あたりでは、「問題の娘」は「母親を助ける有能な娘」へと転じていき、(逐語の)最終場面ではこれまでまったく出現することがなかった娘の新たな一面すら窺えたのです(261〜272)。水晶玉は置かれた位置によって違う模様を見せる。人も同じで、置かれた位置(立場)が変わるとそれまでと違った一面を見せるものである。構造的家族療法の創始者であるS・ミニューチンはこう述べていますが、それはまさにこのようなシーンを言い表しているのだろうと思います。

第3部

事例編

第6章

お猿の子から人の子へ

初回面接①

少年の通う中学校の養護教諭・藤田先生に促され、母親と少年はおどおどした様子で面接室に現われた。少年はドアの一番近くに半身で座り、誰の視線も拒否していた。

セラピストは藤田先生と母親に続けて、少年にも普通の挨拶でコンタクトを試みたが、その反応は実に頼りないものに感じられた。いかにも関係を作るのが難しそうである。

（ま、いいか。とりあえず一度だけ会ってみましょうということだったもんな……）

セラピストは藤田先生との約束を思い出して気を取り直した。

藤田先生はその地域の養護教諭の中心人物で、ハキハキした物言いが実に気持ちよく、一方で周囲への思いやりと気遣いのいき届いた、まさにセラピストの大好きなタイプの教育者である。彼女の依頼を断わるわけにはいかない。数日前、藤田先生は電話の向こうで困り果てていたに違いないのだ。

☎心療内科の先生にお願いするのは筋違いのケースだとはわかっています。しかし校長以下全教員どうしようもなくなり、私の知り合いに心理の先生がいることを聞きつけた校長にすがられまして……。実はうちの一年の生徒が、なんというか、ま、性的非行ですね。小学生の頃からよその家のトイレや風呂を覗くというようなことが頻繁にあって、家族も含め指導を受けていたのですが、中学生になり、そうしたことがエスカレートしましてね。女子トイレを覗いたりはしょっちゅうで、下着を盗んでそれを身に着けたり臭ったり、ついには近所の幼稚園の女の子のパンツを脱がせたり、自分のおチンチンを見せたりと……。それが地域で大問題になり、先日とうとう警察に補導されてしまいました。そのたびに厳しく注意したら泣いて謝るのですが、しばらくするとまた同じことを……。悪いことだとはわかっているようなんですが、どうしてでしょうか……。さらにこの子の問題はそれだけではなく、友だちがいなくて、休み時間のたびに校舎の隅にいっては、なんの目的もなくウロウロコソコソしているんですよ。また、すごく短気で、腹を立てると奇声を発したり、ものを投げたり、授業中でも教室を飛び出したり……。学校を休むことはないし、成績も下の中なんですけどねぇ。とにかくあまりに奇異な行動が多くて、地域ではこの子のことを、あのぅ、お猿の子と……人の子ではないと悪口を……。母親が猿に犯されて生まれた子だと、近所の人はおもしろおかしく噂しているようです。なにしろ田舎なものですから……。気の毒に、家全体が、地域から孤立しているようです。

（ここで藤田先生は一つため息をつき、気をもち直してさらに続けた）

家族は職人の父親と、専業主婦の母親、高校生の姉がいます。この子が生まれる前に男の子がもう一人いたのですが、幼稚園のときに溜め池に落ちて亡くなっています。そのせいもあってか、母親はこの子を家のなかでばかり遊ばせていたようです。治療には母親も連れていけると思います。実は母親にもちょっと問題がありまして……。詳しくはお目にかかったときに。

実はこの当時、セラピスト自身の価値観として「性的な犯罪（強姦や痴漢行為など）は最低である」との思いが強く、本当は引き受けたくないタイプの相談であった。まだこの種の「問題」から自由ではなかったのである。むしろ、セラピストみずから積極的にその少年を問題視しそうでチョット怖かった。経験上、自分が心から「問題」と認定してしまったケースのセラピーで成功した試しがなかったのである。しかしそのように難しそうなケースでも、またたとえ一度きりの面接でも、「問題を含んだ状況」になんらかの一石を投じることはできるかもしれない。「問題」は聞くと見るとで大違い。そんなこともしょっちゅうのことではあるし……。で、結局、引き受けてしまったのである。

その初回面接の場面に戻る。

少年は中学生にしては小柄なほうで、顔立ちは、昔日、甲子園で活躍した三沢高・太田投手のような、ちょっとハーフっぽいイイ男だった。

しかし、簡単には打ち解けられそうにない雰囲気だったので、少年とのコンタクトの機会は先送りにし、なじみの藤田先生から話を聞いてみることにした。

先生は、電話のときよりも言葉を慎重に選んで、これまでの経過を要約してくれた。

その間、少年はいかにも不愉快そうな表情を浮かべて、顔を背け続けた。

母親は恐縮したようにうつむいていた。

そして……いつの間にか、セラピストはこの状況を長々と続けてしまっていた。

初回面接で「問題」を聞くのは、本当のところまったく愉しくない行為である。もちろん、それを聴くのがセラピーのスタートだし、なによりのジョイニングになることも知っている。

つらいのは、少なくともその間は「問題」をはらむ場の空気を積極的には変えられないことだ。これを急ぎすぎると、クライエントに「理解してもらっていない」という感情をもたれやすいからである。

しかし今、面接室に持ち込まれた「少年は問題児」との枠組みに縛られたコミュニケーションをセラピストは長々と続けすぎている。しかも少年がその枠組みを苦痛に感じていることがヒシヒシと伝わってくるにもかかわらず、である。余裕ある状態のセラピストなら、チャンスを見て「問題」が「非問題」へと枠組み変わりするようななんらかのコミュニケーションを発動するはずだ。

しかし今回ばかりは、「少年は問題児だ」などとセラピスト自身が心のどこかで感じてしまっていたため、ついつい「問題」に長付き合いしすぎたようだ。これを「巻き込まれ」という。セラピスト自身が本気で「問題」を作ってはどうしようもない。

……やはり日頃扱い慣れていない「問題」にはかかわらぬほうが良かったか。

やっとわれに返ったセラピストは、慌てて「この子の長所はなにか」などという、ちょっとダサイ問いかけをした。

藤田先生は少し考えて、少年が絵を描くのが得意であることを教えてくれた。

「そうなの？　絵が得意？」

セラピストの問いに、少年が少しはにかんだような笑みを見せた。嬉しい初コンタクトである。

しかし……。

「あのぅ、先生にお話ししておきたいことが……。お母さん、いいですよね」

藤田先生がセラピストと少年の蜜月の始まりを遮り、母親の許可を取ったうえで新しい情報を提供しようとした。その心配り自体、ありがたいことではある。しかしこういう場面、「少年は問題児」との枠組みに沿った情報が提供されることはほぼ間違いない。しかしここは再度その枠組みに乗ってみよう。

藤田先生からの新しい情報は次のようなものであった。


問題の原因は、母親が性的な面で厳しすぎるのが関係しているのではないか。少年が小学生のとき、父親が買ってきたヘアヌード写真集を失敬して自室で見ているところを母親に見つかり、こっぴどく叱られたというエピソードがある。その頃から問題が始まっているので、母親自身もそれが原因ではないかと心配している。つまり躾の面で性的抑圧が強すぎるのではないか。


セラピストが母親に意見を求めると、母親は、このように息子が世間を騒がせているのは自分の育て方が悪かったためであり、おおいに反省していると、気の毒なくらい身を縮めて語った。そして、その罪を懺悔するかのように、母親自身の性的な問題を明るみにしはじめたり、少年の多くの問題を繰り返し陳述しようとしたのである。

その間、少年は悲しそうに視線を床に落としていた。

初回面接②

セラピストには、場の空気が腐ったように感じられた。そしてこの空気の責任者である自分にイライラしはじめていた。

藤田先生は教師であり、学校を代表して、セラピストに問題を教えにきた人である。問題行動の紹介やその原因など、「少年は問題児」との枠組みに沿った交流を多く取ろうとするのは当たり前のことである。しかし、ほしいのは解決の糸口であるはずだ。

一方、母親は少年の責任者とみなされ、社会的に負い目をもつ人である。本心はどうあれ、立場上、やはり「少年は問題児」との枠組みに沿って交流せざるをえないのかもしれない。責任者としての自分を責め、少年を非難せざるをえないのかもしれない。もちろん、本心から「少年は問題児」との枠組みに縛られている可能性もあるが、それでも心は泣いているはずである。

そして少年こそ、その枠組みと、それによって拡大されたドラマに苦しんでいる主人公である。

その人たちを前にして、いったいいつまで「少年は問題児」との枠組みに付き合えば気がすむのか。

セラピストのイライラはほとんど頂点に達していた。そして、やっと起動したのである。

セラピストは母親の懺悔を遮り、身を屈め、少年にゆっくりと話しかけた。

「下着を盗んだり、女の子のパンツ脱がしたりしたんやてなぁ……」

少年は視線を逸らせたまま小さく頷いた。藤田先生と母親は少年に注目した。

「あれなぁ……」セラピストは、思い切った。「気持ち良かったやろ?」

少年は少し驚いた顔でセラピストを見た。藤田先生と母親も同じ顔になった。

「先生もな、中学のときに隣りのお姉さんのパンツ盗んでなぁ……。見つかってエライ目におうたんやなぁ、これが」

セラピストが笑顔になると、少年も笑みを浮かべた。藤田先生と母親はびっくり顔のまま凍った。

「それで……キミ、家に帰ってから、したか?」

「……なにを?」

「なにをて、アレやんかアレ、シコシコ」

「……ウン」少年は恥ずかしそうに頷いた。

「そうか! 気持ち良かったやろうなぁ。で、一日に何回?」

「エ? ……ときどき、一回だけ……」

「エ〜ッ! ときどき! それもたった一回! なんともったいないこと。先生なんかキミくらいのときは毎日しとったで。それも一日に六回とかな」

「ホント⁉」少年はセラピストを凝視した。藤田先生と母親のびっくり顔はさらに引きつった。

「キミくらいのときはナンボでも立つし、またよう飛ぶしなぁ」

少年はニコニコしながら適時受け答えした。失神寸前だった藤田先生と母親も、やがて笑顔になった。二人とも、少年がセラピストの目を見てイキイキと交流していることに気がついたのである。ここにいたって、どうにかセラピストは安心した。とっさのこととはいえ、下手をすると藤田先生と母親の気持ちをセラピストから遠ざけてしまいかねない危険を犯していたからである。

「それにしても、警察に捕まったり、こんなところに連れてこられたり、キミも苦労やな。ヤバイなぁとわかっていても、やめられへんもんな、これが」

「ウン。でも本当はやめたいけど……」少年はうつむく。

「エ？　やめたい？　ホンマか？」セラピストはびっくりする。

「ウン」少年が顔をあげる。

「それやったら、方法あるよ！　しかも簡単なヤツ！」セラピストは言い切る。

「！」少年は顔を輝かせる。

「!!」藤田先生と母親は身を乗り出す。

初回面接③

「その方法はご家族の協力も必要なんですが、いいでしょうか？」

母親が頷いた。

「では……。まず、お母さんからお父さんにお願いしてもらいたいことがあります。書店でヘアヌード写真集を一冊買ってくるように頼んでほしいのです。お母さんはそれを受け取って、台所のどこかに隠してほしいのです。そしてキミは……」セラピストは少年を見て続けた。「……学校から帰ってきたら、宿題なんかしなくていいから、それがどこに隠されているかコッソリ探しなさい。見つけたら、それを自分の部屋に持っていって楽しみなさい。もちろん、一日一回はシコシコを忘れんように！」少年は笑った。藤田先生と母親は懸命にメモしていた（いったい、なんてメモしたんだろうか……）。

「そして、キミにもう一つお願いがある。先生もその本を楽しみたいから、その本のなかで君が好きなヌードを、一日に一枚ずつ、スケッチしてほしい。それを次の面接のときに持ってきてくれんかな」

少年はしっかり頷いた。

「……つまりキミは……一日に二回シャセイせんといかんのよ、わかる？」

藤田先生が手を口もとに持っていって笑った。つられて母親も笑った。

次回の約束を二週間後に取り、少年と母親が帰ったあと、藤田先生が面接室に駆け足で戻ってきた。

「びっくりしました。あの子がきちんと相手の目を見て話をしたり、よく笑ったり……。なんだか期待がもてそうです」藤田先生は興奮していた。……しかし、一転、顔を曇らせる。

「ただ、治療の内容を校長にどう報告したらいいのかわからなくて……。いいえいいえ、私も同じ空気を吸っていましたから、なんだかとても良いことが起きていたのはわかっていますけど」

たしかに、この日のことを正確に伝えることはさぞや難しかろう。

「適当に伝えてください」セラピストは藤田先生を信頼するしかなかったのである。

「それと、父親は治療に呼ばなくても良いのでしょうか？」これについては、藤田先生は明らかに不満そうである。

「いや、いいです。きっと、一緒に来られないくらいにつらいのですよ」

「……」藤田先生はしばらく考え、ゆっくりと頷く。

第二回面接

面接室には少年が先頭を切って入ってきた。小脇にスケッチブックを抱えている。あとを追うように母親と藤田先生、そしてもう一人の先生が入ってきた。少年の担任とのこと。

セラピストは担任への挨拶もそこそこに、少年からスケッチブックを受け取り、一枚一枚丹念に見せてもらった。どの絵もモデルの顔の部分はなかったが、身体のラインはきれいに描かれており、ヘアもしっかり露出し、なかなかの力作と思えた。いくつかのやりとりのあと、約束どおり一日に二回のシャセイ（射精と写生）を実行してきたことを誉めた。

そして「お父さんもよく協力してくれましたね」と母親に話を振る。しかし、母親は申しわけなさそうに首を横に振る。藤田先生が割って入る。

「実は、お父さんがその役割を嫌がられましてね。また自分が叱られるとでも思われたのでしょうか。もっと積極的になってもらわないと！」藤田先生はやはり「父親も問題」と言いたげだった。

（しまった！　父親が課題に乗るとは限らなかった）セラピストは心のなかで悔やんだが、あとの祭りである。そして、慌てて藤田先生の独演を遮った。

「では、どなたが本を買ったんです？」

するとみんなの視線が担任に集まり、彼はおもむろに右手を挙げた。そして本屋でいかに恥ずかしい思いをしたか、本屋のおばちゃんとの情けないやりとりを、臨場感たっぷりに、ユーモアをもって教えてくれた。みんな、心から笑わせてもらった。そしてこのエピソードにより、当治療が学校側に受け入れられていることを実感して、セラピストはとても嬉しく感じた。しかし同時に、父親に悪いことをしたと思い、父親が嫌がったのは経過からみて当然ありえることで、配慮できなかったセラピストの問題であると強調した。幸い、「父親が問題」との枠組みが広がる気配は消失したようである。

少年のこの二週間については、性的な問題は特に見られなかったということだが、今回の面接では、学校での少年の奇異な行動の数々が話題にされることとなった。ほぼ、初回面接で聞いたことの拡大再生産である。その種の話題になると、少年が（母親も）暗い表情に早変わりするのも前回同様である。それでも、藤田先生や担任は、「少年の問題を教えに来る人」の役回りをいまだ演じ続けている。しかしこれは、学校を代表した教師としての社会的立場と、問題を語り合う場という、治療のもつ一般的なイメージとに拘束されたものであるに違いない。

だが、もう前回のような腐った空気を味わうのはご免被りたい。幸い、セラピスト自身はすでに、「少年は問題児」との枠組みからずいぶん自由になれていたようである。そのぶん、起動は早かった。セラピストは、先生方の問題の報告を一、二分で中断させ、学校での少年の様子について、細かな良い変化が生じていないか、しつこく問いはじめた。

そして、何度かの「特にありませんね」をくぐり抜けたあと、やっと目標地点に到達しそうになった。

「そういえば……」藤田先生が、なにかを思い出してくれたのである。

「学校に、この子のことを心配してくれている事務員さんがいるのですが、彼女が、最近この子が笑顔を見せるようになったと言ってましたね……」

一つでも見つかれば、セラピストはスッポン状態である（食いついたら離れない）。結果、どんな些細なことでも、その話題は風船状態となる（どんどん膨らむ）。そして少年の（そして母親の）顔はふたたび柔らかくなっていく。

興に乗った感じで、担任も一つ思い出してくれた。

「そういえば……体育の授業でソフトボールをしているのですが、いつもはまったくやる気なさそうにチンタラしているこの子が、昨日は打ったあと、めずらしく一塁まで全力疾走しましてね。結果はアウトだったんですが、悔しそうに一塁ベースを蹴りましてね。いやぁ、なかなかガッツありましたよ」

新たなネタだ。セラピストはしつこく関連質問を繰り返す。風船はますます膨らんでいく。少年の（そして母親の）表情に晴れがましささえ現われる。面接室全体の空気が、深刻からくつろぎへ、絶望から希望へと、ドンドン変わっていくことが直肌に感じとれるこの here & now。最も好きなひとときである。

ひとしきり学校の話題で盛りあがったあと、母親にも尋ねてみた。

「おうちでもなにか小さな変化に気がつきませんでしたか？」

ところが意外なことに、それまで表情柔らかく聞いていた彼女は、みるみる顔を曇らせてしまった。そして機械的な感じで突き放したのである。

「なにもありません」

急変した表情。和気あいあいの流れの不自然な中断。セラピストは戸惑った。「なんて冷たい母親だろう」といった思いが脳裏をかすめもした。そして、藤田先生と担任にもそうしたように、しつこく問い続けてみようかとも思った。しかしフト、これ以上の深追いをすべきではないような気がしてきたのだ。たしかに母親は、少年が誉められるのを見て、とても嬉しかったに違いない。しかし、母親は今、少年のことを良く言うことを拒否している。

この落差は、責任ある者としての立場のあり方に縛られたものであるに違いない。心中、少年のことを誰より認めてやりたいのに、それを堂々と表に出せない立場・状況に追い込まれている。実に切ないことである。もっと楽になってほしいと思う。しかしそれはもう「大きなお世話」なのかもしれない。彼女の社会への向き合い方や、これまでの人生については、セラピストはなにも知らないのだ。母親には母親の「事情」があるに違いない。今、頼りとするのはただ一つ。つい先刻まで、少年に向けられていた母の優しい素顔である……。

……こうして、セラピストの脳裏から「冷たい母親」との枠組みが消失したようであった。

そして、ちょっと気まずくなりかけた面接室の雰囲気を転換してくれたのは藤田先生だった。

「私、今日の面接で気がついたことがあります。やはり、私たち教員は、子どもの良いところを見つけて、そこを伸ばしてやらなければいけないなと……。先生のご指導方針がわかりました！」

セラピストは心のなかで赤面しそうになったが、構わず藤田先生は続けた。そしてこれが、実においしい話だったのである。

「私たちも反省しなければいけません。学校では、毎週職員会議を開いて、この子のことを話し合ってはいるんですが、そこではたいていこの子の問題行動ばかりが取りあげられています。気にはなっていたのですが、どうも問題探しは教員の癖でして……」藤田先生は担任と目を合わせて、バツが悪そうに笑った。

「どこでもそんなもんですよ」セラピストはとりあえず軽く流した。

にぎやかな面接もそろそろ終わりに近づき、セラピストは二つの宿題を提案した。

一つは前回同様、一日二回のシャセイである。ただし写真集は、必要に応じて（つまり少年が飽きたら）、担任が新しいのを買って届けることになった。

「で、二番目の宿題ですけど……」

セラピストが間を置くと、藤田先生が少年を励ます。

「さぁ、二番目の宿題もよく聞くのよ」少年は緊張気味に小さく頷く。

「……あのぅ、実は学校の先生方への宿題なんですが……」セラピストは恐縮する。

「はぁ？　私たち？」藤田先生がキョトンとし、その反応がおもしろくてか、少年が顔を崩す。

「たいへん恐縮なんですが、できれば毎週、この子のために職員会議を開いてほしいのですけれど

……」

「それはもう、いつものことですから、おやすいことです」藤田先生が胸を張る。

「で、この子の一週間の行動について、一教員一報告を義務とし、それをまとめたレポートを次回の面接に持ってきてもらえないでしょうか」

「一人たったの一つでいいのですか？　いくらでもありますよ、問題は！」

「いえいえ、問題はもういいんです。耳にタコができましたもん。報告していただきたいのは、今日と同じで、この子の小さな良い変化なんです」

「・……な、な、なぁるほど……。やってみましょう！」

藤田先生の顔が、いたずらっ子のように輝いた。

その後のこと

二週間後の第三回面接。スケッチブックと二回分の職員会議レポートが、約束どおり提出された。藤田先生は、問題を語ることのできない職員会議でみんなが窮屈そうにしていたことを、担任とともに笑った。しかし全教員、苦労しつつも毎回一つずつ、少年の良い変化を見つけてくれたことを誇らしげに語った。

「ある先生が、職員会議をこの方法に変えて初めてわかったことがあると言います。私たちは実は本当のこの子をしっかり見ていなかったのではないか。小学校からの申し送りのイメージにとらわれていたのではないか。そのことに気がついたと言ってくれたのです。私はもう嬉しくて嬉しくて……」

セラピストは危うくもらい泣きしそうになった。その話の内容もさることながら、藤田先生がす━でに「少年の問題」を教えに来る役割の人ではなくなっていたからである。

さらに二週間後の第四回面接。

「先生、奇跡が起きてますよ！」

藤田先生は、少年の学校での変化を、職員会議のレポートをもとに驚きと自慢の表情で教えてくれた。たとえば、少年が教師に挨拶をするようになったこと。職員室にやってきて担任の仕事を手伝おうとしたこと。友だちと掃除をするようになったこと。授業中に騒ぎを起こさなくなったこと。実に盛りだくさんである。セラピストもビックリ。

少年は藤田先生の報告を照れくさそうに、そして少し誇らしげに聞いていた。

そして母親も、やっと、しかし実に遠慮がちに家での少年の変化をボソボソと教えてくれるようになった。……少年は母親の顔をじっと見ていた。

ここでセラピストはこの回での面接の終了を提案した。

少し早いかとも思ったが、もともと少年も母親も嫌々ながらの受診であった。早くこんなところへ来ることから解放させてあげたい。あとは、学校の先生方とだけ会えばすむこと。

しかし、「もう一度来たい……」少年がはにかんだようにつぶやく。

「この子は先生が好きなようですよ」藤田先生が笑顔でフォローする。

一ヵ月後の最終回。

藤田先生と母親が父親のことを勇んで語る。

それまで今回の件から逃げ腰で少年にかかわろうとしてこなかった父親が、ある日、少年を近くの岬に連れていき、こう語ったというのである。

「今までおまえと真剣に話をせずにすまなかった。それでもお父さんはおまえのことを心から心配していた。だからおまえももう二度と事件を起こさないでくれ。それを約束してくれ。それができないんだったら二人でここから飛び降りて死のう」

少年はこれまでのことを泣いて謝り、それを見て父親も涙が止まらなかったということである。

セラピストは最初ちょっとびっくりしたが、しかしすぐに、それがとても肯定的なストーリーとしてみんなの心に収まっていることを、その表情や口調から知ることができ、やっと安心して喜びを共有できた。

少年は少し名残惜しそうではあったが、もうここに来なくてもやっていけると力強く言い残し面接室をあとにした。セラピストの欲目もあろうが、その後ろ姿は一回り大きくなったように見えたものである。

さて、藤田先生とは、その後もしばしば話す機会がもてた。

「また奇跡が起きていますよ！」

藤田先生はよくこのフレーズを前置きに、少年の学校での行動の変化を、友人関係の変化を、とても嬉しそうに語ってくれた。

そのなかから忘れられないエピソードを一つ。


「とんでもないことがあったんですよ！」藤田先生は憤慨した。

「隣りの幼稚園から久しぶりに苦情が来ましてね。またそこの児童がパンツを脱がされ悪戯されたというんです」セラピストは一瞬ヒヤッとした。

「そこであの子を呼んで問いただしたところ、私に泣いて訴えるんです。絶対ボクじゃないって。これはちょっとおかしいと思い、もう一度調査してほしいと幼稚園に依頼しました」藤田先生の興奮はここで少し収まり、表情は勝ち誇ったように輝いていく。

「そしたら次の日、園長先生が私のところに頭を下げに来られましてね。実はその園児の語ったことはもう一年近くも前のことだった。それをつい最近のことのように周囲が早とちりし、おたくのあの生徒に違いないと、すっかり思い込んでしまった、まことに申しわけないって……。ホント、一度貼られたレッテル、先入観ほど怖いものはありませんよね！」藤田先生はあきれ顔である。

「……で、それをあの子に話したら、あの子、どう言ったと思います？」藤田先生の顔に会心の笑みが浮かぶ。

「今までのことがあるからボクが疑われても仕方ない。これからのことで信用を取り返すんだって言うのですよ！」


少年はその翌年、中学を卒業。地元の高校に進学した。

第7章 演歌妻、夫を救う

演歌妻、夫を救う

月に一度とはいえ、片道四時間もかけて治療に通うというのは並たいていのことではない。しかし、男はすでに半年以上も大学病院の世話になっているという。

年齢こそすでに六〇を超えてかなりになる。しかし、パリッと決めた凛々しいスーツ姿は、大企業の営業部長を務めあげた栄光のキャリアを偲ばせこそすれ、それほどの深刻な症状に苦しんでいるとは想像できなかった。

「この人が今後、あなたの心理療法を担当してくれる先生です」

主治医の紹介を受けて、男とその妻が立ちあがり深々と頭を下げた。セラピストも慌てて立ちあがり、同じように頭を下げた。

「どうも薬は効きませんのでね、ちょっと先生のお知恵をお借りできればと思いまして……。よろしくたのんます」主治医はそう言って目配せする。

もう二年以上も一緒に仕事をしてきて、特に気の合うドクターだからと、ついつい仕事を引き受けてしまうことが多いのだが、本当はできるだけ怠けていたいのである。

おまけにこのたびは初老の不潔恐怖症。よそは知らぬが、セラピストは滅多にお目にかからない。どうしたらいいのかさっぱりわからずオロオロしていたら、いつの間に来なくなった人もいた。もちろん自然に治ったからではない。ほぼ愛想を尽かされたと見て良いのである。さらにそのうち、思春期の専門家のように周囲から見られはじめたこともあり、疾病の如何によらずこの年齢層そのものが縁遠くなっていったようでもある。

安請け合いしてから後悔するのは毎度のことながら、気持ちはかなり萎えていた。しかし、職業病とは困ったものだ。男が、そしてその妻が、すがるような目で頭を下げたその次の瞬間のこと、はっきり、きっぱり、自信満々にセラピストはこう言い放ったのである。

「わかりました。できる限りのお手伝いをしましょう！」

まずはこの夫婦に安心感を与えんがため、目いっぱいの自信に満ちた口調と表情を、治療の最初の道具として利用しはじめたのである。もちろん本当に自信があったからではない。ただ、それが患者・家族に良い影響を与えることを知っていたから、使っただけである（もちろん何事もやりすぎは禁物である）。コミュニケーションのすべてが、患者や家族に多大な影響を与える道具であることに、つまり一歩間違うと凶器になるということに、恐ろしく神経質なセラピストである。

「あっしにゃ、かかわりございません」とかなんとか言いながら、結局は深くかかわってしまう木枯らし紋二郎という人がいる。その大ファンだったことを思い出しながら、セラピストは観念してインタビューを続けた。

「で、その手洗いが何回も何時間も続く。それがもう二年半も、ですね？」

「そうです。まったく良くならないのです。自分でもバカバカしいと思いながら、いったん気になりはじめると他のことが考えられなくて」男はうなだれた。

「ご主人の手洗いの間、奥さんはどうしているのですか？」

「もういい加減にしなさいと、言うのですけどね。水道代も高くつきますしね」妻は照れくさそうに笑った。

「そう言うとどうなるのです？」

「全然止まりません。かえってひどくなるようにも見えます」妻は不機嫌そうに続けた。

「だから、今までの先生にも無視したらと言われてきたのですが、無視したら無視したで、私を呼びつけて、もう汚くないか、もう汚くないかと、うるさく聞くのです。無視できるわけがありません。どうしたらいいのか、私もくたびれてしまいます」

かえってひどくなるんだったら無視してみたらと、安直にアドバイスしかけていたセラピストは慌てて言葉を飲み込んだ。できないと言っているものをやれと言っても仕方がない。妻を下手に追いつめるばかりである。

「奥さんもくたびれる？　ストレス発散してます？」

「無趣味なものですから……。若い頃は歌を唄ったりもしましたけどね」妻は懐かしそうな顔になった。

「ご主人は奥さんの歌を聞いたことはありますか？」

「昔はね。でもすごく下手ですよ。頭が割れそうです、ハハハ」男の顔から初めて深刻さが薄らいだ。

「誰の歌がお好き？」

「昔は都はるみの『涙の連絡船』が得意でしたけどねぇ」妻は遠い目になる。

「なにが得意なものか！」男はまた妻をからかう。

セラピストも楽しくなって、カラオケ談義にしばし花を咲かせた。


「いやぁ、先生は楽しい人ですね。こんなふうに笑うだけでも治療になりそうです」男が喜んだ。

「いやいや、笑っていただくだけでは、遠いところからはるばる来てもらうのに申しわけない。実は、症状が楽になる可能性のある、良い方法が見つかったのですよ」

「えっ、本当ですか？」男はマジ顔。妻はセラピストを凝視。

「でも、やらないだろうなぁ、簡単なことだけど……」

「簡単なことならなんでもしますよ」男が身を乗り出す。

「いやいや、奥さんにしていただくことなんですけど」

「私？　私ですか？　なんでしょう？」

「なんでもします？　ちょっとバカバカしいと思えることでも」

「はい、この人の症状が良くなる可能性があるのであれば」

「じゃあ、ご説明しますけど……」セラピストは一つ咳払い。男と妻は息を飲む。

「ご主人の、手洗いが止まらなくなったとき、そう、これ以上はもう普通ではないと思われたとき、そのときなんですが……奥さん、いいですか？」

「……はい」

「ご主人のそばで歌を唄ってほしいのです」

「はぁ？」

「都はるみの『涙の連絡船』を、ご主人が手洗いをやめるまでお願いしたいのです」

一瞬の間を置いて、妻が口もとに手を当てて笑いだした。男も苦笑いした。セラピストもお付き合いで笑った。

しかし、三人はすぐに真顔に戻る。かくして、より細かな打ち合わせのあと、本作戦は実行されることと相なったのである。


一ヵ月後、男の症状はほとんど半減していることが報告された。

男は、不潔が気になっても、妻の歌声を聞くことで自然と止まってしまうという。歌のほうが気になって、とても手なぞ洗っておれないと笑った。また、他の良い変化もいくつか報告された。

セラピストは、妻の協力と努力を誉めた。妻は、恥ずかしさはあるが、自分自身のストレス解消にもなると素直に喜んだ。

男は、なぜこんなことで効果が出たのだろうと不思議がった。セラピストは、妻の歌声が男を鳴門のうずしおから引きあげてくれたのだと解説した。

妻は喜んでこの方法を続けると言い、いずれくる治療の最終回には面接室で都はるみを唄って聞かせると約束した。

そして、約一〇ヵ月後の最終回、セラピストはついにその歌声を聞くに及び、妻にはたいへん失礼だが、この治療はきっと一流の嫌悪療法だったに違いないと確信するにいたったのである。なにしろ男は、もしも症状行動（長時間の手洗い）を行うと、必ずあのような耳障りなノイズに晒されるという劣悪なる環境に置かれていたのだから。

＊嫌悪療法というのはもちろんジョークです（たぶん）。クライエントの関係の枠組み（コミュニケーションのパターン）を変えることが本セラピーの狙いでした。

私が頭の痛いわけ

「家族関係は影響する」ことの影響

セラピストの親友は優秀な精神科医だが、今度ばかりはちょっとしくじったようだ。

患者さんは頭痛を訴えるご婦人、六七歳。いろんな病院を受診したが器質的にはなんの異常もなく、薬にも反応しないので、きっと精神的なものだろうと考えられ、親友の医院に紹介されてきたのがことの発端であった。

彼は、覚えはじめの家族療法をやってみようと考えたのである。婦人にいつも同伴している彼女の一人娘も来院しており、婦人以上に婦人の頭痛を困っているように見受けられたことが、彼の冒険心をくすぐったらしい。「この症状はなにか親子関係に原因したものかもしれないぞ」と。こういうことをマジで考えるところが、親友がいまいちアカ抜けないゆえんである。

さて、なにはともあれ親子関係に焦点を当てたインタビューが始まった。親友は人の話を聞き出すのが上手い。そして今回も、次のような情報が集まったということである。

婦人は三年前に夫に先立たれ、以後は一人暮らし。

娘は婦人の家から徒歩一〇分ほどのところに夫と子どもの三人で住んでいる。

娘は婦人に一人暮らしをさせていることにいささかの後ろめたさを覚えつつも、日々の生活に追われ、稀にしか親もとに顔を見せないという状況が続いていた。

そんなある日、婦人の発症。

激しい痛みを訴える緊急電話が一日に何回も娘にかかり、その都度、娘は婦人宅へ駆けつける。そして、しばらくすると自然と治まってしまう。

そんなことがずっと続いているので、婦人の神経質でわがままな性格が原因ではないかと娘には思えて、今では電話が鳴るたびに腹が立って仕方がないという。しかし、そうかといって苦しんでいるのを放ってもおけず、やむなく駆けつけているのだという。

こうして婦人は、いつも娘に叱られることと、相なるのである。

親友は、こうした情報を得て、シメシメとほくそ笑んだとのこと。彼は次のように仮説を立てたのである。というか、まるで真実を発見したかのように喜んだらしい。

「婦人の症状は、婦人の心の寂しさが背景にあり、無意識的に症状を出すことで娘を近くに呼ぼうとしているのだ。そしてそれはうまく功を奏し、症状はいっそう強化される。よって解決のためには、婦人が症状を訴えたときほど娘はあえて婦人を無視し、そのかわり、症状の出ていないときに婦人にかかわるようにすれば良いのだ！」

親友のいまいちのアカ抜けなさは、仮説と真実をごっちゃにしてしまうことであり、真の原因がわからないと解決ができないと考える癖でもある。そして最悪なのは、患者・家族は医者の指示に従うべきであると思い込んでいること。つまり、従わないときは相手が悪いということにしてしまう悪癖である。

さて、親友は婦人と娘に自分の説を披露した。

そして、娘には症状を無視するように指示し、そのかわり日頃から婦人に寂しい思いをさせないで大切にするよう、場合によっては同居も考慮するよう、指示したそうだ。そして婦人には、症状ではなく言葉で娘に自己主張するように促したようでもある。

この場面、ライブで見られなかったのがまことに残念である。

しかし、きっと親友は一人よがりのワンマンショーを演じたに違いない。

その証拠に、まず娘が怒り出したらしい。

「周囲の者はみんな、私の責任にする。私が母を大切にしていないからこんな症状が出たといって私を責める。しかし、私にも私の家族があり毎日がたいへん。母親のほうこそもっと辛抱強くなってほしい。周囲の迷惑も考えてほしい」

これを聞いて婦人はますます萎縮し、「私は頭痛がつらいだけ。別に同居したいわけじゃない」と嘆いたとのこと。

親友は、自分の提案が受け入れられなかったことへの不満と婦人への同情でついカッとなり、「娘のそういう態度に問題があるのではないか」などと口走ってしまったらしい。万事休すである。治療の雰囲気が気まずくなってしまったことに親友は落ち込み、セラピストに意見を求めてきたというわけである。

「家族関係は影響しない」ことの影響

セラピストは親友ゆえの気安さもあり、厚かましく申し出た。

「家族療法のお手本をお見せしましょう」

そして約束の日。

娘は不機嫌な顔つきで、婦人は落ち込んだ表情で、診察室に現われた。

親友の紹介を受けたあと、セラピストは頭痛に関してだけ質問を重ね、家族関係には一切関心を向けないよう配慮した。二人は症状に関して熱心に答えてくれた。そして徐々に、二人はセラピストへの警戒心や防御的な態度を和らげてくれたように見えた。

　ここでセラピストは質問の内容を変えた。

「で、お二人はこの症状の原因をどのようにお考えで？」

「家族の愛情不足がそもそもの原因なんですってね」娘は間髪入れず答えたが、表情はにわかに険しくなった。婦人と親友は、同時に肩をすぼめた。

「はぁ？　頭痛の原因が愛情不足ですって？　なんのことです？」セラピストはとぼけた。

「実はね、私も少しは気にはしていたんですが、長い間、母を一人にしてきたんですよ。それで母が寂しがって、症状で私の関心を引こうとしたらしいんです。しかし、たしかに私も悪いでしょうけど、母にももう少しみんなのことも考えてほしかった」娘は半ベソ状態で一気に語った。婦人はますます小さくなった。

「あのぉ。お言葉を返すようですが、いったい誰がそんなことを吹き込んだのです？　頭痛が愛情不足からきただの、症状で関心を引くのだのって。頭痛は頭痛、ただの身体症状に過ぎませんよ。家族関係などどうして関係あるんです？　もちろんお母さんの性格も関係しません。誰でも出るときは出ますよ、頭痛なんて。そう思いません？」

「先日は変なことを言ってすみません。私もこの先生に叱られたんですよ」と、親友が二人に詫びを入れた。

　娘と婦人はポカンとした。

「関係ないんですか？　しかし、今まで多くの人に同じように言われてきましたけど」娘は訝しがったが、表情は緩んできた。

「外野席は好きなことを言いますよ。そんなバカげたことは無視することです」セラピストはピシャリと言い放った。

娘の顔が輝いてきた。婦人の顔も和らいだ。

「では、どうして頭痛が続くのでしょう?」娘は真剣な面持ちだ。

セラピストはここで、「頭痛が起こるのは自律神経のバランスが崩れたもので、しかるべき治療がある」などと説明した。

娘と婦人はそれを好意的に聞いていた。

そしてその直後、娘はヨヨと泣き崩れたのである。

「今まで周囲から責められ、自分でも自分を責め、するとかえって母親に言わなくてもいい言葉まででかけてしまう。どれほどつらい日々だったか……」

婦人は娘をじっと見ている。

親友はもう一度、今度は心から詫びを入れたものである。

セラピストは娘と婦人のこれまでの苦労をねぎらったあと、自律訓練法を指導し、セラピスト自作のテープを渡して、一日に三回聞くように指示した。そして、リラックス効果をいっそう高めることが可能であるというセールストークで、その練習中、娘が婦人の手を握ることが決まったのである。

二週間後、練習は毎日続けられており、婦人の頭痛は少し良くなっていることが報告された。セラピストは婦人に、頭痛のないときの身体の感覚や気持ちのありようについて、細かく質問した。娘には、婦人への接し方への工夫について尋ね、それを婦人の症状軽減に関連づけて高く評価した。

さらに二週間後、症状は相当改善されていた。

そして二ヵ月後には、症状はほぼ消失し、婦人は以前と同じように近所の仲間とゲートボールや散歩を楽しむまでになっていたのである。

婦人はその後も気ままに一人暮らしを続けているということだ。

娘は当時を振り返り、症状を心理的なものに関連づけて考えすぎ、かえって親子関係がギクシャクしたことを、「なにかに取り憑かれていたような状態」と表現した。

そして、親友はセラピストにこう語った。

「いかに真実っぽい仮説も、決して真実ではありえず、また、患者・家族の役に立たない限り、それは悪説なので早々に捨てるべきである。時にわれわれは、患者・家族のためではなく、治療者の自己満足のためだけにストーリーを作りすぎることがある！」

さすがわが親友、体得は早いのである。

精神分析入門

セラピストは、家族の堂々めぐりを観察していた。

そして、両親とのいくつかのやりとりのあと、青年はうつむき、何度目かの沈黙に入った。

隣りの母親は、心配そうに、しかし少しイライラした様子で、青年と父親を交互に見た。

父親は青年から少し離れたところで、ブチ切れ直前の気配を漂わせつつ、青年を睨んでいる。

「……このまま大学に進学していいのだろうか……。やっぱりどうしても納得できない」

あっちにいったり、こっちに来たり、またしても青年は振り出しに戻ったのである。


青年はこの春なんとか高校を卒業したものの、大学受験は失敗。現在は大手の予備校に籍を置く大学浪人中の身である。一応、「臨床心理学科」を志望しているらしい。一応といったのは、この三ヵ月、予備校に出席することもなく、さりとて自宅で勉強しているわけでもなく、本人曰く「ただひたすら迷いの日々。自分探しの旅を続けている」からである。とはいえ、実態は昼夜逆転。受験参考書のヤマに埋もれて惰眠をむさぼる。このような生活であるらしい。せいぜい暇な時間に『精神分析入門』を読んでいる程度である、とのことだ。

セラピストには、そのような生活もまた楽しかろうと思えるが、真面目で教育熱心な両親にとっては他人事ではない。青年の兄は東京の医科大学に進学し、元気に暮らしている。青年だけが両親の心の重荷なのである。

また、青年自身もこの迷いから脱出し、今の生活をなんとかしたいと切望しているようでもある。それだけに両親の心配もひとしおなのであろう。

だが、その心配は親子の対立という結果を生んでいた。青年の煮え切らない態度に対して、父親の怒りはあからさまである。青年の、父親への反発も相当強そうだ。

母親は、そのような父親と青年の間に入ってこれまでもずいぶん気苦労を重ねてきたようだが、ここにいたってお手あげ状態となり、知人の紹介でセラピストを訪ねてくることとなったのである。

青年の迷いは、大学に進学することの是非である。

これまでの自分の人生はベルトコンベアの上にあった。今後も流されるがままでいいのか。青年は、実に若者らしい苦悩のなかに身を投じていたのである。

「やはり、大学に進むのは、無理です……」青年はうなだれた。

「そしたらやっぱり、大学はあきらめて、就職する？」セラピストは、青年の迷いに合わせて口を挟んだ。

「オットット、お父さんを怒らしてしまったかな」セラピストは慌てて父親に気を遣った。

「先生、頼みますよ。この子を、進学したいという気持ちにさせてやってくださいよ。ワシは大学にいくのが人生後悔少なしと思うんです」父親は哀願した。青年はふてくされた表情を浮かべた。

「主人は高卒で苦労してきたものですから……。今でこそ、自宅で運送業を営み、それなりに成功していますが、若いときはずいぶん学歴で悩んできたようです。力はあったのに上に進まなかったことを後悔してるんです。それに主人は、兄よりこの子をかわいがってきましたから」

「お母さんもやはり大学進学オススメ組？」

「いいえ、もちろん本人がそう決めてくれたらそれが一番いいんですが、やはり本人の気持ちが一番ですから、結局は本人の気のすむようにと……。だから本人が決めないと……」

回りくどいなとセラピストが感じはじめたと同時に青年もイライラを爆発させる。

「母さんはうるさいから黙っていてくれ！　どっちつかずのこと言わないでくれ！」

「母さんになんていう態度だ！　みんな心配しているんだぞ！」父親が諌めた。青年は背中を向けた。

そしてしばらくの沈黙の後、

「でも、やっぱり就職も、自信がないんです。それに、大学で心理学を学ぶ夢もあるし……」青年がまた揺れはじめた。

「やっぱり初志貫徹がいいかもね」セラピストはまた揺れに合わせた。父親は大きく頷いた。

「アッ、お父さんを喜ばしてしまった！」セラピストは慌てたように両手で口を塞いだ。その様子を見て両親が笑う。

しかし青年は暗い表情のままうつむき、またしても沈黙に入った。

両親はセラピストと青年を交互に、すがるような目で見た。

そして、「やはり、大学進学でいいのかと、どうしても納得がいきません」

結局、青年は振り出しに戻ったのである。

「なかなか決められないんやね」セラピストは青年に優しげに言葉をかけた。青年は頷いた。

「小さい頃から決断力がないんです。それを変えてもらわないと……」母親がセラピストに訴えた。青年はムッとした。

「慎重なタイプなんやね」セラピストの言い換えに青年は表情を緩めた。セラピストはそれを見てさらに突っ込んだ。

「ボクはキミの慎重さが好きやなぁ。その性格は変えんほうがいいよ。人生後悔少なし！　……ねぇ、お父さん！」青年は照れくさそうに微笑んだ。父親もわずかに頬を緩め、それを見て母親も笑みを浮かべた。セラピストは少し安心し、さらに駒を進めた。

「しかし、いつか結論を出さんとあかんしなぁ……」セラピストが腕を組むと、青年は引き締まった顔で頷いた。両親も頷いた。

「もちろんどちらの結論出してくれてもいいんやけど……アッ！　お父さんすんません！」セラピストの大げさな慌てぶりに、父親が笑って首を横に振る。セラピストは父親に頭をペコッと下げて続ける。

「そう、どちらでもいいんやけど、そしてキミのように上手に慎重に結論を出すタイプの人に言うのもお節介な話なんやけど、さらにもっと上手な結論の出し方、知ってるよ。なんせ心理学のプロやからなぁ」セラピストは遠慮がちに踏ん反り返った。

青年は顔を輝かせたように見えた。両親も関心を示した。

「キミも知っているとおり、人の心っちゅうのは複雑極まりなくてねぇ」

「そう思います」青年は頷く。

「キミ、無意識って、知ってる？」

「フロイトの！」青年は声をあげる。

「それや、それ！　その無意識っちゅうのがやね、なんらかの結論を出すときに重大な意味をもつことがあるんよ」

青年は釘づけである。

「たとえば！」セラピストは声量をいったんあげて、次にまた下げる……。

「キミ、さっきから見てると、お父さんとずいぶんやりおうてるから、意識レベルではお父さんを嫌ってるように見えるわけよ。ところが、無意識レベルではね、逆にキミはお父さんのことが大好きなんやないやろかと思うわけ。どういうことかっちゅうと……キミのお父さん、こういうたら失礼やけど、高卒やろ？　しかもそれが強い劣等感やったと言うてはったやろ？　……そこでや！　もしもキミがやね、大学に進んでしもうたら、これはお父さんを越えたことになってしまうんちゃう？　これってキミ、大好きなお父さんに対する裏切りであるといえるんちゃうか！」

「そ、それって、エディプスなんとか⁉」青年はおおいに乗っている。

「そうそう、そのエディプスなんとか！」セラピストはホンマかいなと思いつつ、先を続けた。

「……そこで、無意識レベルではお父さんが大好きで、無意識的にお父さんを越えてしまいたくないキミは、大学に進学しようとすると強い不安を覚えるということになるわけよ」青年は感動的に聞いている。しかし両親はポカンとしている。

「さらに、キミはお父さんのために家業を継ごうとしている可能性がある！」一瞬、父親の顔がこわばった。

「考えてごらん。お父さんはエライ人や。一代で苦労しながら今の運送会社を築きはったんや」父親が照れた。母親は嬉しそうに父親を見た。

「ところが……。今のところ、後継ぎがおらん……。キミの兄さん、医学部やろ？　まさか将来、運送業はせんやろ？　しかも、お父さんは小さい頃からキミのほうをかわいがってたっちゅう話やないか。お父さん、ホントのところ、キミと一緒に仕事をしたい気持ちもあるんと違うやろか……。しかし、キミの将来のことを心底考え、心を鬼にして、キミに大学進学を勧めてはるんと違うやろか……。心を鬼にせんとあかん分だけ、厳しい言い方しかでけへんのんと違うやろか……」

ふと見ると、父親は泣いていた。母親がハンカチを父親に手渡した。

「お母さんかて、そのお父さんの気持ちとキミの将来を両方考えてはるから、どっちつかずのことしか言われへんのんと違うやろか。お母さんもキミに大学進学を勧めながら、一方では、お父さんは学歴ないけどこんなに頑張ってきはったと、心から尊敬してはると思う。学歴なんかクソクラエ！ってな」

母親も泣き出した。それを見て、思わずセラピストも目頭が熱くなった。青年の目も真っ赤である。

セラピストは少し興奮を抑えるために声を落とした。

「キミの無意識は、そのことを全部知ってるんや。そやからキミはなかなか決められへんのや。けど、それがキミの優しさやと思うわ」

「先生、あ、あ、ありがとうございます。ワシは、ワシは……」父親が声を詰まらせた。そして、暖かい沈黙。

「…しかし、それでもキミは慎重に、結論を出さんといかん。理不尽やけど、それが人生っちゅうもんやな」

青年は落ち着きを取り戻し、頷いた。

「そこで、その方法やけど……」

両親も落ち着きを取り戻し、膝を乗り出した。

「帰宅後、ダンボール箱とガムテープを用意してもらえんでしょうか」

「運送屋ですからいくらでもあります」父親が胸を張った。

セラピストは青年のほうを向く。

「そのダンボール箱に、キミの受験参考書やノートや予備校の書類など、いっさいがっさいぜ〜んぶ詰め込んで、ガムテープでグルグル巻きにしてほしいの。そして、それをキミの部屋の隅っこに置いとくの。気やすく開けない。毎日毎日その箱を見て、箱の中味がキミにとって必要と思えるまで、絶対に開けたらダメ。できるだけ長い間慎重に、そう慎重に、ゆっくり考えてほしいの。もしも最後まで開けることがなかったら、それはキミにとって必要のないものやから、そのまま処分したらいい。もちろん、期限は無期限。キミのペースがなにより大事」

青年はしっかりと頷く。ここでセラピストは両親のほうを向く。

「彼一人で考えさせてやってください。ご両親と彼の口論も、ダンボール箱に一緒に詰めてしまってください」

両親も真剣な表情で頷く。

そして……

「まちがって、お父さんまでダンボール箱に入ったりして」

（笑笑笑）

こんなつまらぬギャグにも良い反応をいただき、セラピストは幸せな気持ちでこの面接を終えることができたのである。

後日談は不要な気もするが、青年は、三週間後には予備校に通いはじめていた。セラピストは結論を出すのが早すぎやしまいかと心配を伝えた。しかし青年は別人のようにイキイキとしていた。

「臨床心理学科に進んで、ボクを助けてくれた精神分析をしっかりと学ぶつもりです。それに、もしもまた迷うようなことがあっても、ウチには父のダンボール箱がいっぱいありますから安心です」

彼が大学で精神分析を学ぶ頃には、どうかこのセラピーのことをすべて忘れていますように……。フロイトにお詫びしたい気持ちで胸がいっぱいになったものである。

ツボツボ式人格封じ込め大作戦

依頼

ご紹介する患者について、精神科に紹介すべきか、心療内科で引き続き治療すべきか、迷っています。先生の家族療法で対応可能でしょうか？　ご検討ください。

患者・山田ヒロコは高校二年生で、二ヵ月前、腹痛下痢を主訴として受診。過敏性腸症候群と診断し、薬物療法にて軽快に向かっていました。しかし一ヵ月前から、患者は頭痛、立ちくらみ、金縛り、集中力欠如、人の話を聞くのがつらい、などと訴え、母親からは、急な興奮状態・不穏状態がしばしば出現するとの訴えがありました。

前回の診察では、患者は母親と叔母に付き添われてきましたが、うつろな様子でした。そして、自分のなかに、子どものように甘える「小さなヒロコ」、暴力的な「ミドリ」、社交的な「アッキー」がいて、代わるがわる勝手に出てくると訴えました。また、母親と叔母は、実際に患者が小さな子どものようになったり、興奮して暴力的になったり、そうかと思うと愛想が良くなったり、日によって、あるいは時間の経過によって、まるで別人のようになると訴えました。たしかに診察中も、患者は途中で人格が変わったようになりました。しかし、それが演技的なものなのか、いわゆる多重人格といわれる状態なのか、よくわかりません。印象としては演技とは思えないのですが。

検査上の異常所見もなく、二週間、薬物にて経過観察しましたが好転しません。母親と叔母によると、患者の様子は不変で、「小さなヒロコ」と「ミドリ」のときは周囲が振り回されてたいへんであるとのことです。また、人格の交代時に、交代する人格が見えたり、その声が聞こえるという幻覚・幻聴が見られており、しばしば硬直状態になるとのことです。現在、学校は休ませております。投薬を一時中断したうえで、先生を紹介しておきました。

初回面接

こうして、ＩＰ（山田ヒロコ）、母親、叔母の三人に会うことになった。

初対面のＩＰは、幼児のような表情と舌足らずな話し言葉だった。叔母はヨシヨシと頭をなでていた。母親は心配そうな様子ではあったが、少し距離を取って眺めていた。

母親と叔母によると、今は「小さなヒロコ」で、最近は一番よく出現するらしい。甘えが強くなり、母親にまとわりつく。一方、「ミドリ」のときは母親に対し暴力を振るったり、家財を破損することがあるという。

とりあえずセラピストは背中を丸め、叔母の対応を真似してみた。

「あなたはちいちゃなヒロコちゃんでチュか〜」

ＩＰはコックリ頷く。

「かわいいでチュね〜」

ＩＰはニッコリ微笑む。

「いくつでチュか〜」

ＩＰは片手を広げた。

「オッチャンは三八でチュ～」

母親と叔母は笑うが、ＩＰは表情を変えない。


こんな感じでいくつかのやりとりをしていたのだが、やがて、ＩＰの様子に変化が見られた。なにか憑きものが取れたように放心状態となったのである。

「大丈夫？」

「大丈夫だヨ」

叔母の問いかけに対し、ＩＰは少しあえぐような調子ではあったが、高校生らしい声色で応じた。


セラピストは今度は普通に話しかけてみた。

「あなたは誰かな？」

「よくわからない……」ＩＰはうつろな表情。

「先ほどまでの小さなヒロコちゃんはどこにいったのかな？」

「あそこにいるよ」そう言うと、ＩＰは面接室のドア上方を指差した。

セラピストは指先を追うが、なにも見えない。

「あそこで悲しそうな目でこちらを見ているでしょ。小さなヒロコは一人で寂しがっているよ」ＩＰは泣きそうな表情になり、すぐにうつむいてしまった。

セラピストはその方向に愛想よく右手を振ってみる。それを見た母親と叔母は引きつった笑顔になる。すぐにセラピストの笑顔と右手も凍る。

仕方がないのでそのまましばらく様子を見ていると、やがてＩＰは顔をあげて言う。

「二ヵ月ほど前から、いろいろな自分が出てくる。いつ誰が出てくるかわからない」

続けて叔母が、横目で母親を意識しながら述べる。

「最近は『小さなヒロコ』が一番長いのですが、それはヒロコが愛情に飢えているからではないでしょうか。両親は長年夫婦仲が悪く、ほとんど別居状態です。ヒロコは親の愛情をあまり受けてこなかったんです。現在も母親は仕事のほうを優先しており、愛情が足りないように思います。そんなことが悪影響になると、心理学で勉強しました。私は心理学の公開講座に通っているんです。母親にも来るように誘うんですが……」

母親は表情をこわばらせて聞いていたが、ついに限界とばかりに……。

「先生！　私はこれまで精いっぱいのことをしてきたつもりです。この病気の原因はこの子自身にあると思いますけど！」まるでセラピストを叱りつけるように言い放つ。

「いつもこんな調子なんですよ！　私から言っても聞かないから、専門の先生から諭してやってもらえませんか！」叔母は憤慨をあらわにする。

こうして面接室にいささかの緊張が生じたそのときのこと、突然、ＩＰに異変が生じた。背骨が溶けたようにうずくまり、身体を前後に揺らしはじめたのだ。顔つきはどんどん幼くなっていくように見えた。どうやら「小さなヒロコ」に戻ったようである。そして叔母はＩＰの甘えを積極的に受け入れ、そのかたわらで母親がそれを心配そうに眺める。面接冒頭のありさまが再現されたのである。

そして…、

「先生！　こういう症状を通して、ヒロコは愛情を求めているんじゃないでしょうか？」再度叔母が強く訴えたので、とりあえずこのあたりから「枠組み」にチャレンジすることにした。

「あのぅ、本当のこと言っていいですか……」セラピストは恐る恐る叔母の許可を取った。

「もちろんです！　それを伺いにきたのですから」叔母が、回答内容を確信しているかのようにセラピストを急かした。

「実は……このような症状が単に親の愛情不足から生じることはありえないと思うんですけど……」セラピストはいっそうの恐縮を見せた。

一瞬の気まずい沈黙のあと、叔母は明らかに不満の色を浮かべた。しかし、母親は大きく頷き、表情を和らげた。

「……しかし、このような症状がヒロコさんの性格から生じたものとも思えませんし……」セラピストはダッチロール状態を見せた。

「それではいったい、原因はなんなのですか！」母親と叔母は声をそろえた。

「よくわかりません。しかし、原因がわからなくても解決できる方法はありますけど……」

その表情から、母親と叔母が「方法」に関心を示したことがわかる。

「でも、どうしても原因分析のほうを優先されるのなら、私の知り合いに優秀な心理学者がいますのでそちらを紹介しますけど……」ふたたび場が緊張する。

「スミマセン。ちょっと、イヤミだったかな」セラピストは頭をかいた。

「治りさえすれば、原因はもういいんですけどね」叔母が少し肩の力を抜いてくれた。母親も頷いた。

「その方法は本当に効果的なんですが、ムダな原因分析とはまったく両立しないんです」……とはいうものの、セラピストはその方法をまだ決めていない。

「とりあえず次回まで、みなさんが原因にこだわるのをやめられるかどうか、実験してもらえませんか。それが達成できれば、必ずお教えしますから。……やっぱり、チョットイヤミですかね」

「たしかに、私は少し原因にこだわっていました。それがわからないと治らないと考えていましたから。しかし、先生を信じてみましょう。とにかく私たちにはどうしていいのかわからないのですから」叔母の表情はすでに相当穏やかなものになっていた。

（やれやれ……）

フッとため息をつくと、無邪気に指遊びをしているＩＰと目が合った。ニッコリ微笑んでくれたので、ちょっと疲れが取れたようである。

第二回面接

「ヒロコはここ二、三日は少し落ち着いています。普通のやりとりができる時間が増えてきました。

しかし、『小さなヒロコ』と『ミドリ』のときは、相変わらず手がつけられません。しかし原因にはこだわらないよう、努力してきたつもりです」叔母と母親は代わるがわる報告した。

「落ち着いているときは『アッキー』です。今もそうです」ＩＰは、前回と比べずいぶんしっかりした口調で話す。

「でも、小さな物音にビクビクしてしまいます。家にいると、母の仕事関係の電話の音が多くてイライラするんです」ＩＰは顔をしかめる。

「こんなときなのに母親が仕事に夢中になりすぎているから……」叔母が嘆息する。母親は顔をこわばらせる。

ほ〜らまた始まった。

「あのぉ、やっぱり知り合いの心理学者を紹介しましょうか?」セラピストは叔母をからかう。

「あっ、いや、ごめんなさい」叔母は慌てる。

「いや、こちらこそごめんなさい。どうも私はイヤミっぽいものでして」セラピストは頭を下げた。

そして、一つ提案。

「ヒロコさんは電話の音が気になるし、お母さんは仕事を手抜きするわけにはいかないし、ここは一つ、症状が改善するまで、ヒロコさんが叔母さんの家で生活するということにしてみては」

「子どものいない気ままな暮らしですから、主人も賛成してくれると思います」叔母は喜んでこれを受け入れ、母親とＩＰも承諾した。

「で、いよいよ症状を治す方法なんですが……」

セラピストが声の調子を変えると、母親も叔母も身を乗り出した。準備万端だ。

しかし、そのときである。突然、ＩＰの背中が砕けて落ちた。どうやら「小さなヒロコ」がやってきたようである。

母親と叔母は心配そうにセラピストとＩＰ交互に視線を送るが、セラピストは一切構わず続ける。

「ヒロコさんには家に帰ってから、伝えられる状態のときに伝えてください」

セラピストの落ち着いた様子を見たせいか、母親と叔母から不安の色が消える。

「みなさんが一番困っていらっしゃるのは、『小さなヒロコ』と『ミドリ』の扱いでしたよね？」

「そうです」二人は頷く。

「なので一番のポイントは、『小さなヒロコ』と『ミドリ』に、できるだけ出てきてもらわないようにすることだと思うんです」

二人は何度も頷く。ＩＰ（小さなヒロコ）はニコニコしている。

「で、その方法なんです、今日、お教えしたいのは！」

「お願いします」二人が声をそろえた。

「ただ、これからお話しすることはチョット変わった方法ですから、みなさんがどう思うか……」

「先生！　私たちはワラにもすがる思いなんですから！」

「ちょっと変なことでも、必ずやってくれます？」

「約束します！」

「ツボツボ大作戦という名前でも？」

「ツボ？」叔母が一瞬キョトンとする。

「ツボツボ～！」ＩＰがはしゃぐ。

「……なんだか、おもしろそうね」叔母が母親にあいづちを求め、母親は頷く。

「たしかにおもしろいものです。しかし、なぜそれが効果があるのかという理論は、とても専門的で難しいので、絶対に話しません。だから聞かないでください。どうしても知りたいのであれば、まず心理学者のところにいってください。いいですか？」

「はいはい。わかりました。もう勘弁してください」叔母が笑ってのけぞった。母親も笑った。

「じゃあ説明しましょう」やっとセラピストは本題に入った。

「今日帰宅後、三人で協力して人型のかわいいぬいぐるみを一つ作ってほしいのです。それを『小さなヒロコ』と命名します」

叔母がバッグから手帳を出し、メモを取りはじめる。

「さらに、一日一枚、画用紙に凶悪な人相の人型を描き、切り取ってください。それを『ミドリ』と命名します。こんな具合です……」セラピストは人相の悪い女の子の絵を描いてみせた。

「そして、『小さなヒロコ』人形のためのきれいなツボを一つ、『ミドリ』人型のための汚いツボを一つ、準備してください。きれいなツボには柔らかくて気持ちのいい綿を敷いておきます。汚いツボには湿ったオガクズでも敷きつめておきます」

母親はセラピストの一言一言に頷く。叔母はペンを走らせる。

「そして、毎晩、お母さんは叔母さんの家にいき、ヒロコさんの落ち着いているときを見計らって、三人で次のような儀式を行ってください」

セラピストは「ミドリ」の絵を描いた紙を持って、母親と叔母に接近した。叔母がペンを止め、セラピストの行動に注目する。

「まずこの『ミドリ』人型の周りに三人が正座し、順番に大きな声で、ヒロコのなかにいるミドリ〜出てくるな！　と命じて、『ミドリ』人型を強く叩くのです」

パ〜ン!!　セラピストは実際にやって見せた。

母親と叔母は一瞬ビクッとしたが、すぐにわれに返って笑う。ＩＰもキャッキャとはしゃぐ。

「それを三周行います。そして終了後、クシャクシャになった人型を燃やして灰にし、それを汚いツボに入れます。そして、しっかりと蓋をし、その上にオモシを置いてください。これを、『ミドリ』が出てこなくなるまで、毎日行います」

「『ミドリ』をくたばらせて、封じ込むのですね！」母親は大きく頷く。

「鋭い！　ピンポ〜ンです。で、次……」セラピストは、今度は机の上にあったタオルを丸め、それを「小さなヒロコ」のぬいぐるみに見立てて続けた。

「次に、三人でこの『小さなヒロコ』のぬいぐるみの周りに正座し、順番にその人形をそっと抱きしめて、小さなヒロコちゃんもう出てこないでね、と優しく声をかけるのです」今度は叔母が大きく頷く。

「それを三周行い、終了後、ぬいぐるみをきれいなツボにそっと入れます。そして、しっかりと蓋をし、その上にオモシを置きます。これも、『小さなヒロコ』が出てこなくなるまで毎日行ってください」

「『小さなヒロコ』に優しく眠ってもらって、出てきてもらわないようにするんですね」母親が声をあげる。

「鋭い！　ピン……」

「ポ～ン！　ピンポ～ン！」セラピストの言葉を継いでＩＰ（小さなヒロコ）がはしゃぐ。

セラピストと「小さなヒロコ」はなんとなく波長が合うのであった。

第三回面接

「ツボツボは毎日しています。叔父と弟も時々参加してくれます。『ミドリ』はまったく出てこなくなりました。『アッキー』でいる時間が多かったです。あとは『アッキー』と『小さなヒロコ』が混じったような状態が多かったように思います。物音にビクつくことが少なくなったし、そろそろ学校にもいけそうな気がします」ＩＰは穏やかに語った。

「この一週間は特に良いですね」と叔母。

「二週間前に比べてずいぶん安定しています」と喜ぶ母親。

セラピストはみんなの努力を誉めた。

第四回面接

「四日前から自宅に戻っています。調子が良いので、ここ三日ほど学校もいっています。時々お腹が痛いことと、人と話したあとに頭痛がすることを除けば普通の状態です。ツボツボはとても良いみたいです」とＩＰ。

「ずいぶん良くなったようで安心しています。前のような攻撃的な面はまったくなくなり、言葉遣いも優しくなり、きちんと受け答えができるようになりました。幻覚、幻聴的なことは一切言いません。ツボの儀式はみんなで続けています」と母親。

セラピストは叔母家族の協力に感謝し、今後は自宅でツボの儀式を行うように提案し、受け入れられた。

その後のこと

それ以降、母親とＩＰの二人だけが面接に来るようになった。

「学校を休んでいたわりには試験の成績も良く、進級も問題ありませんでした。ツボツボはもういいだろうと考えて終了にしました」とＩＰ。

「すっかり、もとのこの子に戻りました」と母親。

セラピストはその後一〇ヵ月間、ＩＰの個人面接を行った。

学校での対人関係の話題が中心であり、できるだけＩＰがうまくやっている部分を取りあげ、それに関する会話の時間が長くなるよう配慮した面接を心がけた。また、否定的に語られる部分については、それを肯定的に言い換えるような対応を示した。

ＩＰは受験勉強に取り組んでいる「普通の高校生」の風情となり、腹痛と頭痛はたまに生じても、ほとんど生活に支障をきたさないものになっていった。

「多重人格」に関しては、論文投稿の承諾を得る際、久しぶりに話題にあがり、「現在の心境」としてまとめてくれた。


今、あの病気のときのことを思い出そうとしても断片的な記憶しか出てこない。叔母が、「小さなヒロコはこうやって爪を噛んでた」とからかって真似をするけれど、全然覚えてない。私が？って思う。小さなヒロコの記憶は本当にまったくといっていいほどないけど、ミドリの記憶は一つだけある。自転車で坂を降りるときに小学生の集団がいて、そのすべてを殺してやりたいと本気で思ったこと。それ以外のミドリは知らない。

私はしばらくの間叔母の家に住んで、母も一緒にツボツボをした。わけがわかんなかったけど、ミドリを痛めつけて火がつくと嬉しかったし、みんなから出ていくように言われたので、結局は消えていくんじゃないかと思った。そして、小さなヒロコのぬいぐるみはとてもかわいがってあげた。小さなヒロコはツボのなかで眠っていて、ずっと起きなくて、それで幸せなんじゃないかなって思った。

しかし現在も、小さなヒロコもミドリも、私のなかにいるんだろうな。以前と今で一番違うのは、前はいろんなのが勝手に出てきて好き勝手するという感じだったけど、今は私がコントロールできているという感じがする。

なんで、私があんな病気になったのかさっぱりわからない。でも、治ってから非常に困ったことが一つ。勉強しようと思ってテキストを開いたら、単語とか世界史とか、ほとんど忘れていた。一気に成績が落ちた。本当に頭が真っ白になった感じで、今までやってきたことはなに⁉って感じで悔しかった。今は一応取り戻せたけど、前ほど成績は良くない。でももう病気ではないし、あとは努力だと思う。病気のせいにはしたくない。

その後、ＩＰであった山田ヒロコさんは高校を無事卒業。大学に進学し、親もとを離れることになった。

第8章

虫退治

初回面接①

大輔は小学六年生。両親に伴われ、不安と興味の入り混じったような表情で面接室に現われた。一週間前、学校の紹介でセラピストの勤務する大学病院を初診。身体的な異常所見が見られなかったため、主治医の勧めで家族療法を受けることになった。父親は公務員で母親は専業主婦。家族は他に中二の兄と祖母（父親方）がいる。

はじめましてのご挨拶時、母親がちょっと無理した笑顔でその場を仕切り、家族をセラピストに紹介してくれた。父親は無口で真面目な人という印象。硬い表情である。大輔は言葉数こそ少ないものの表情はすぐに柔らかくなり、初対面のセラピストにも愛想のいい笑顔を見せてくれた。

母親が語る。

「大輔が学校にいけないんです。一〇ヵ月前に風邪をひいて以来、よく腹痛を理由に休むようになって。腹痛のときは転げ回って痛がります。それでも大輔をなんとか学校にいかせようと叱ってみたりなだめてみたり、ずいぶん苦労しましたが、大輔はかえって萎縮したようです。『子どもの気持ちを受けとめるように。自主性を大切に、無理強いしないように』とのアドバイスもあって、今では学校のことはできるだけ言わないようにしています。しかし実際は、ついつい口が滑ってしまいます。いけないこととはわかっているのですが……。家での様子は朝が遅い以外は普通ですが元気はありません。腹痛はしょっちゅうです。父親とはほとんど接触がありませんが、私とはよく話します。兄弟仲は悪くないと思います。大輔もなんとか学校にいけるようになりたいと言ってますが、どうしていいかわからず、苦しんでいるようです。このまま本人任せにしておいていいのかどうか、とても心配です」

セラピストは、（実際はとても長かった）母親の陳述に付き合いながら、時折、父親と大輔に確認を求めた。その途中、大輔が突然腹痛を訴え面接室のベッドにみずから横になるという一場面もあった。そして一通りの経過を聴き終えたあと、セラピストはちょっと派手めの枠組み変えに取りかかったのである。

「結局、ご両親も大輔くんもなんとか早く登校できるようになりたいと思っているのに、どうしていいかわからないということですね？」三人とも頷く。

「……あのぉ、初めて会ったばかりなのに大風呂敷を広げるようで恐縮ですが、学校にいける方法があるんですけど、聞きたいです？」

三人はちょっと唖然とした様子でセラピストを見る。

「もちろんです」母親は半信半疑の表情。

「じゃあ、お教えしましょう。あっ、その前に、大輔くんにチョット聞いておきたいことがあるんだけど」

大輔がセラピストを見た。

「学校にいきたくない特別な理由があるんだったら教えといてよ。たとえばイジメとか」

「ないよ」

「そういうことが全然ないようなんです」母親が保証した。

「じゃあ、もう一つ教えて。いつ頃までに学校にいけるようになるといいですか？」

「……早いほうがいい」

「ホント？　じゃあ、キミの一番楽な早さで学校にいけるようにしようか？」

「ウン」大輔は微笑んだ。

それを見てとって、セラピストは両親に向き合う。

「この方法がうまくいくために、三つ条件があるんですが……」

「なんでしょう？」母親が不安そうに尋ねる。

「子どもが学校にいかなくなったりしますとね、誰もがその原因を探ろうとするんですね。なかには親の育て方や家庭環境に問題があったなどというのもいましてね。困ったもんです。少なくともご両親にはそのような詮索をしないでいただきたい。これが第一の条件なんですが」

「えっ、関係ないんですか？　私の育て方が悪かったと、ずっと自分を責めていました……」

「誰に吹き込まれてきたんです？」

母親はこれに答えず、涙を流しはじめた。大輔は母親に視線を送り、父親は少し落ち着きを失う。

（おばあちゃんかな……）セラピストが妄想していると、

「気にしなくていいと、私はいつも言ってきたのですが……」と父親。

その父親の言葉を制して母親が言う。

「いろいろな人から、『子どもの気持ちを受けとめるように』なんて言われると、これまでは全然受けとめてこなかったということなんだなって……」母親はハンカチで涙を拭う。

「ご主人がおっしゃるように、もう自分を責めるのをやめることができますか？」

「はい……」母親はハンカチをバッグにしまう。父親が打ち明ける。

「実は、大輔がこうなってからなんとなく私を避けているようでしてね。だから、私が原因かなとも思ってきたんですよ」

「仮にお父さんを避けているとしても、それは原因じゃない」

父親は十分納得した様子ではなかったが、それを信じようとは努めている風情だ。

「さて二番目の条件ですが……」セラピストは先を急ぐ。

「さっきと同じような原因探しの一つで、子どもの性格や成長に問題があるという考えがあるんですよ。しかしそれも、はっきりいって大輔くんの場合は無関係です。だって、初めて会ったボクにも笑顔を向けてくれるもんね」セラピストが大輔を見て表情を緩めると、大輔もニッコリしてくれた。

「ほれ、このとおり！」セラピストの指摘に両親が顔をほころばせた、が……。

「大輔にも問題があると思っていました。でも、それは大輔を責めるつもりではなく、そのようにしか育てられなかった私が悪かったのだと……」母親はまた泣きべそ。

「あっ、今度自分を責めたら解決方法は教えてあげませんからね！」セラピストのおどけた口調に母親が泣き笑い。

「さて三番目の条件ですが……」セラピストはさらに先に進む。

「それは、原因が学校にあるとお考えになっていないかということです。もしそうお考えなら、そのことから話し合わないと……」

「いいえ、それはまったくありません」母親が慌てて遮った。

「むしろ感謝しているくらいです。こんないい先生も紹介してくださったし」

母親は気遣いの人だ。


「以上の三つが条件です。いいでしょうか？」三人は顔を見合わせて頷いた。

「責任をなすりつけないことが大事、原因にこだわってはいけない、ということですね」

父親が自分自身に言い聞かせるように確認した。

「しかし万が一、この治療がうまくいかなかった場合は、私の責任にしてもらってもいいですよ
……。ま、ありえないか」お調子者風のセラピストに、三人とも愛想笑い。

「それと、実はですね、大輔くんが学校にいけないことの責任者、ちゃんといるんです。その原因はあるんですよ……。ややこしい話でスミマセン」

「？・？・？」

「どういうことかっていうとね……。どう言ったらいいんだろうなぁ……。これね、説明が難しいんだけど……」セラピストは歯切れが悪い。

「ちょっとバカバカしい話だと思うかもしれないけど、聞いてもらえます？」

初回面接②

「あのね、今なぜ大輔くんが学校にいけないのかっていうことなんだけど……」

ここでセラピストは突然姿勢を伸ばし、面接室の空間の一部を指差した。二人ともその方向を見た。

「このへんにね、ちょっと変な虫がいてね。こいつがブ～ンと飛んでるのよ」セラピストは手を羽の格好にしておどける。大輔が笑う。

「でね、そいつはあるものを探しているの。『ちょっと身体の弱った子はおらんかなぁ～、ちょっと気持ちの弱った子はおらんかなぁ～』ってね」両親が頷く。

「でね、『あっ、見つけた！』ってなことになると……」セラピストはここで身体を屈めて、「キミのお腹に、スーッとその虫が入ってくるの」と大輔の腹部に右手を伸ばす。すると……。

「あ痛たたた……」大輔が顔をしかめる。なんともノリの良い子である。

「そうそう、そうなるわけよ。で、その虫はキミのなかに入ってドンドン大きくなって増えていくの。どう？　嫌な虫やろ？」

「ウン」大輔は大きく頷いた。両親も真剣な顔で頷いた。

「その虫はね、キミの邪魔をして、キミをダメ人間にしようとするの。わかる？」

セラピストはここで不気味な声色に変わる。

「キミがなにかを頑張ろうとすると、『そんなんせんでもエエよ～』『おなかが痛いからなにもできないよ～』『ホ～レ痛くなってきたよ～』『今頃学校いってもつらいよ～、友だちになに言われるかわからんで～』『やめときやめとき～』ってな具合にキミにささやくの。わかる？　こういうね、ヘンテコリンな虫がキミのなかに入ったんよ」大輔は真剣な顔で頷く。両親は大輔を見て微笑む。

「この繰り返しで、キミをまるでなまけ者のように見させてしまう……」と、深刻に語ったかと思うや一転、「それで、その虫の名前は『なまけ虫』というの」セラピストは表情を緩めた。三人が声をあげて笑う。

「もちろん、キミはなまけ者やないよ。この虫がつくとそんなふうに見えるだけ。しかし両親は、まさかそんな虫がついたとは夢にも思っていないから、キミが本物のなまけ者になったように感じて、キミを責めたりすることがあったかもしれない」

大輔が頷いた。これを見て、セラピストは両親に向かう。

「親子関係もギクシャクしますよね。それも虫の作戦なんです」

両親は頷く。セラピストは両親に続けて言う。

「さらに、その原因をめぐって、両親関係や嫁姑関係までもがギクシャクすることがあります」

「それも虫の作戦だね？」大輔が指摘した。

「エライ！　そのとおり！　なまけ虫は、キミがダメになっていったり家族関係が無茶苦茶になったりするのが大好きなんや！」セラピストは大輔をもちあげ、再度、虫の悪行を強調した。母親が、これ以上ないほど大きく頷いた。

「で、ここでやるべきことは……」セラピストは声を冷静に戻した。

「この虫をやっつけること。虫退治。それがここでの治療です。なんとかみなさんと一緒に虫退治したいと思うわけです」三人はしっかり頷いた。しかしそれでも……。

「あのぅ、変な話だったでしょ？　まさか大学病院まで来て、こんな話聞くとは思わなかったでしょ？　ひょっとして、変な壺でも買わされるんじゃないかと心配してません？　新聞に投書なんかしないでくださいよ。こりゃえらいところに来てしまったと思われるようでしたら、ここで帰ってもらってもいいですよ」セラピストはオドオドしてみせた。

両親と大輔は、その様子を見てクスクスと笑う。

そして、ぜひその方法に取り組みたいと申し出たのである。

初回面接③

セラピストは次のステージに進む。

「では、その方法なんですけど……。実はね、方法は三つあります。三つの組み合わせで虫退治なんです。まず一番から説明するね。今日から、毎日やってほしいことがあるんですけど……。お母さん、画用紙をね、買いだめしてもらえませんか？」

「普通の？」

「そう、普通の。それでね、大輔くんとお母さんで作ってほしいものがあるんです。ちょっとこっちに集合して」セラピストは家族を自分の近くに引き寄せ、紙を一枚取り出して、下手な絵を描きはじめた。

「これ、なにかわかる？」

「人間？」大輔が首をかしげながら答える。

「そうそう、よくわかったね。この前、これはクジラですかなんて言う子がいてねぇ」

ブツブツ言いながら、セラピストは描き続ける。母親がクスクス笑う。

「実はこれ、キミなの。こんなふうにね、顔も描くの。これぐらいの大きさで……これこれ、こうでぇ……ありゃ、なんか頭のでっかい宇宙人みたいになってしまった！」

「アハハ」大輔が声をあげて笑う。

「ま、いいか」セラピストも笑う。

「でね、お腹の真ん中に円を描いて、ここにね、『なまけ虫』と書いてほしいの。これで画用紙一枚。キミとお母さん、二人で作ってほしいの。色を塗ってもらってもいいし、ズボンや靴を履かせてもいい。最後はハサミで人型を切り取る」

「一日に一枚ですね？」母親が確認する。

「そうそう、一日一枚。ところで、お父さんは何時頃にご帰宅ですか？」

「七時には帰っています」と父親。

「ご帰宅後、お願いがあります。おうちに和室ありますか？　畳の部屋」

「はい」と母親。

「その畳の部屋にこれを持っていって、この周りにね、お父さん、お母さん、そして大輔くん……」ここでセラピストはふと気がついて……。

「これ、お兄ちゃんとおばあちゃんにも協力してもらえると嬉しいんですが……。できたらでいいんです。嫌がられたら無理しなくて結構です」

「私から言いましょう」父親が約束した。

「では五人がね、畳の上で、この人型を真ん中に置いてね……」

「……その周りに、みんなが正座する」セラピストは神妙な顔になった。

「コワイ〜」大輔がおどけた。母親がつられて笑った。

「で、お父さんから始めてほしいのですけど……。お父さん、いつも彼のこと、どう呼んでます？」

「大輔」

「大輔ね。では、この人型に向かって……」セラピストは一呼吸置いた。そして……。

「大輔のなかにいるなまけ虫！　出ていけ！」突然腹から声を発した。三人ともビクッと震える。

「最初、恥ずかしいですよ、きっと。慣れるまでは」セラピストはトーン・ダウンする。

「アハハハハ」大輔に続けて母親も声をあげて笑った。父親も満面笑みである。

「しかし照れずに大きな声でおっしゃってください。そして、この虫を……」セラピストは紙に描かれた虫の部分をめがけて右手を挙げる。

バ～ン‼

三人とも、びくっと震えてまた笑う。

「こんなふうに叩いてもらう。まちがっても本物の大輔くんを叩かないでくださいよ。こっちの絵を叩くの。で、次はお母さん。『大輔のなかにいるなまけ虫！　出ていけ！』。バ～ンと叩く」

母親が頷く。

「次、おばあちゃん、お兄ちゃん、最後に大輔くんや。『ボクのなかにいるなまけ虫！　出ていけ！』と言いながら……バ～ンと叩く」

大輔が頷く。

「で、次はまた振り出しに戻ってお父さん。この調子で三周回ってほしいんです。つまり一人三回ずつです」

三人はしっかり頷く。

「最初、慣れるまで恥ずかしいけど、頑張ってください。……それとご近所、密集してませんか？」セラピストはマジな顔で尋ねた。

「いいえ、なにか？」

「そりゃよかった。ご近所が密集してますとね、ご近所に変な噂がたちますもんね。『どないしたんやろ、あそこの家は。なんか、悪いモンでも食うたんかいな』なんて感じで」

母親が笑う。

「で、三周回っていただきますと、これ、クシャクシャになりますね。それを五人でお庭に持っていって、マッチで火をつけて、メラメラメラメラメラメラ燃やしてください」

大輔が、興味深そうな表情になる。

「で、それ、灰になりますね。その灰を、地面に小さな穴掘って、そのなかに入れて、土をかぶせて、ポンポンポンポンポンポンポンポン」セラピストは、土を押さえる仕草を見せる。

「ここまでのところを、毎日していただく。これが一番目の虫退治の方法です。わかりました？」

三人はしっかり頷いた。しかしそれでも……。

「いよいよ変なところに来たなと思ってません？　病院に来たつもりが、実は変な宗教ちゃうかって。そのうちなにか買わされるよ〜って」セラピストはビビって見せる。

三人は笑ってこれを打ち消す。

「はい、これが一番目の方法。いいですか？」

三人は再度頷く。

「で、一番目の方法ですが……」セラピストは雰囲気をあらためた。

「さっきの方法で虫退治すると、虫はびっくりするんですよ。『大輔に取り憑いて、人生や家族を無茶苦茶にしてやろうと思ってたのに、変な男に正体見破られてしもうた。えらいこっちゃ』と、虫はもうすっかりビビります。だけど、すぐには出ていってくれません。それを期待するのはいくらなんでも虫が良すぎる、ナンチャッテ」今度はほとんどウケなかった。ウケを狙いすぎるとダメか。セラピストはチョット反省しつつ先に進んだ。

「で、いくらか時間もかかる。だからこそ、効果が見えないとおもしろくない。そうでしょ？　ホントにこれ効果あるんかいなって疑いも出る。するど持続しない。だからね、虫がどれだけ出ていったかを知る目印がほしいんです」両親は頷く。セラピストは大輔に向かう。

「そこで大輔くんには目標を決めてほしいの。これができるようになったら今の大輔くんよりも一歩前進だ、と思えるもの」大輔は小首をかしげた。

「なんでもいいんだよ。一歩前進の小さな小さな目標。もしなまけ虫が出ていったら、こんなことできるようになるんじゃないかなというやつ。わかる？」

「ウン、ウ〜ン」大輔は困ったような笑みを浮かべた。

「どうしても自分で決められないときはご両親に決めてもらうけど、それって、やっぱり楽しくないよね。自分で決めたいでしょ？」大輔は頷く。

「できるだけ大輔くん自身が目標を作ってほしい。これが一番目の方法」両親も頷く。

「さて、三番目の方法」セラピストは両親に向かって言う。

「いくら目標を作ったからといってもね、それがすぐできるとは限りません。目標はあくまで目標。できないかもしれん」

セラピストは両親が頷くのを見て、また大輔に向かう。

「まぁ、大輔くんがなまけ虫と戦うわけやけど、虫は強敵。そう簡単には負けてくれない。大輔くんが負けることもある」

「今のところ連敗中です」大輔がタイミングよく突っ込む。セラピストも両親も笑う。

「そら、しゃあない。人生経験豊富な大人だったらガツーンといけるけど、まだ子どもだしね。簡単には勝てん。で、そのために応援団が必要なの、応援団！　……キミ、テレビゲームしない？」

「する」

「ドラゴンクエストって知ってる？」

「ウン」

「あれやあれ！　君が勇者で、竜ならぬ虫退治の旅に出るわけや。で、虫と戦う主役はキミやけど、そのときにね、勇者に仲間がついてくるやろ？」

「ウンウン」

「パパスとかピエールとかスラリンとか、そういう応援団がほしいのよ」

「先生……」大輔はマジな顔になった。

「な、なに？」

「とても詳しいね」

「ありがとう……」

「子ども、いるの？」

「うん。君と同じくらいの」

「やっぱりね」大輔はニンマリした。

「これっ！」母親が大輔を笑顔で制した。

「……あのぅ、続けさせてもらっていいかな？」と下手に出るセラピスト。

「どうぞ」と許可をくれる大輔。

「で、その応援団というのがキミの家族なの」

ここでセラピストはまた両親に顔を向ける。

「目標ができたらいいけれど、もしも目標ができなかったとき、つまり虫に負けたらね、家族全員がなにかペナルティを受けてほしいの」

両親はきょとんとする。

「たとえば、家族全員二四時間テレビ禁止、とかね。あるいは、家族全員が夕食抜き、とかね。『ちょっとそんなんイヤや』『そんな目に遭いとうないわ』ということ。そういうものをご両親に決めてほしいんですよ」

両親は頷く。

「なぜ、応援団として家族がいいかというとね、今日の印象で、ご家族の団結心はたいへん強い。愛情が豊か。そうであればあるほど、この種の応援は効く。だって、大輔くんがね、『ボク、虫さんに負けそうや』という瀬戸際で、『ボクがここで負けたら、家族がこんな目に遭うわ。ザマアミロ！』とはならんと思うんですよ。きっと家族を助けようとするはずです」

「家族のことより、自分がその目に遭うのが一番つらい」大輔の正直なツッコミがみんなの笑いを誘う。

「ま、とにかく、自分や家族のために負けたらあかん！　なにくそ！　という馬力が出やすいわけです。これはご家族にしかできないことなんです」

両親は深く頷いた。

「テレビにだけはしないで！」突然、大輔は母親に手を合わせた。

「私も困るなぁ、テレビは」父親も頭をかいた。

「じゃあ、テレビにしよう！」母親は笑顔で提案した。

「大輔くんとお父さん、墓穴を掘りましたね。で、それ、お兄ちゃんとおばあちゃんもやってくれそう？」

「ええ、私から言ってみましょう」父親が約束した。

「大丈夫ね。ＯＫ！　ただね、一つだけ注意。決めたからには、絶対に実行してください。というのは、虫は人の足もと見るのが得意でね、『あぁ、こいつら口だけや。あんなえらそうなこと言ってたけど、結局な〜んもできんやないか』と、人を小バカにするんです。こうなると、ますますタチが悪くなる。だから、決めたことは絶対守ってください」

「わかりました」両親の迷いはなかった。

「テレビゲームは？」大輔が心配そうにセラピストに尋ねた。

「お母さん、どうします？」セラピストは母親に尋ねた。

「もちろん禁止です」母親は大輔に微笑んだ。大輔は顔をしかめた。

「だからこそ目標は、小さな、簡単なのがいいよ」セラピストは大輔にアドバイスした。

「ウ〜ン……」大輔は考えこんだ。

「たとえばね、朝起きの時間を早くするとか、保健室にだけいくとか……キミの気持ち次第だね。ただ、目標以上のことはしないほうがいいと思う。たとえば保健室にいって、『先生、来ました。おはようございます。じゃあ帰ります！』と言うのに、先生が『せっかくここまで来たんだから教室も寄っていきなさい！』『そうですか。じゃあ、ちょっとお邪魔します』って、これはまずいんやな」

三人は笑う。

「ホント、これはまずい。だから、目標だけで絶対やめる。それを守ってほしい。もちろん、目標は学校のこと以外でも構わない。一歩前進であればね」

大輔が頷いた。

「……けど、今、先生は目撃したよ。保健室にいくって話したら、お母さん、目がキラキラキラ～って輝いた！」セラピストは母親をからかった。

母親は肩をすぼめる。

「目のなかで星がピカピカ～って光ってたもんで。いらんこと言ってすんません」セラピストは恐縮した。

「いいえ。見透かされてる……」母親も恐縮した。

「でも大輔くん、気にしないで自分で決めてちょうだいね」

「……」大輔はしばらく考えこんだ。そして……

「朝起きを早くする」

こうして、起床時間を二時間早くして、午前七時半とすることが最初の目標となったのである。

「最後に、一つだけ覚えておいてほしいことがあるんですが」セラピストはつけたした。

「なまけ虫はとてもズル賢いので、死んだフリをすることがあります。今日から急に大輔くんを元気にさせて、みんなを大喜びさせる。そして突然、大反撃に出て極端に悪くさせる。これをやられると、みんなとてもがっかりする。そして、やっぱりこの治療もダメなんだと感じさせられてしまう。虫がこの手を使ってきても決して慌てないように！」

「わかりました」

「それと、虫は、ここに続けて来られると確実に自分が追い出されるのを知っていますから、それ自体を阻止しようとするかもしれません。大輔くんをそそのかして、治療にいくのをやめさせようとするかもしれません。そのとき、ご両親にはぜひ頑張ってもらいたいんです」

「わかりました。必ず、治療は続けるようにします」

「先生……」大輔だ。

「……これで、お腹は治る？」

「ウン、治る。でもね、お腹の調子が悪くなりやすいというのはたぶんキミの体質やから、学校にいけるようになって、普通の生活に戻っても、時々お腹イタは出ると思う。先生もキミと同じタイプで、子どものときからなにかあると下痢してるもの。四〇歳になってもこれは相変わらずだよ」セラピストは完全の追求を嫌ったのである。

ところが、気がつくと大輔は厳しい顔でこちらをじっと見ている。

こりゃなにかマズイことを言ってしまったか……。両親も心配そうだ。

「ど、どうしたん？」

「先生……」

「ウン?」

「……四〇歳にはとても見えないね」

この日最後の大輔節であった。

第二回面接以降

第二回面接。

「虫退治」は、家族全員で毎日続けられていた。

目標の朝起きについては、大輔は一度だけ失敗したようである。

そして約束どおり、その日は家族全員、二四時間のテレビ禁止を行ったそうだ。

「テレビのない生活はどんなものかと心配しましたが、かえって家族の会話が増えましたね。毎日ペナルティがあってもいいかもしれませんね」そう言って、父親は大輔をからかった。大輔は顔をしかめた。

「前回の治療の帰り道から、大輔が明るくなったようです。家でも笑顔や会話が増えたように思います」そういう母親も明るく見えた。そして……

「画用紙のなまけ虫も、こころなしか小さく描くようになりましたね」大輔をからかうように笑った。

「大輔くん、なまけ虫はどれくらい弱くなってきたかな?」とセラピスト。

「ウ～ン……三〇%くらいかな」

「すごいね！」

「ウン。お腹イタも、時々あるけど、前ほどひどくない」

「たしかに、転げ回ることはなかったですね。ホント、不思議です」母親がフォローした。

ここまでは順調であった。

しかしこのあと、次の目標決定に際して、大輔が渋りはじめたことから場面が重苦しくなっていったのである。

「……」大輔はうつむいたまま、長い沈黙。

母親は懸命に大輔に話しかけ、なんとか大輔から決定を引き出そうとするが、いっこうに埒が明かない。

父親は黙って様子を見ているが、明らかにイライラしている。

そのうち、父親は大きくため息をついてうなだれた。

母親はそれを横目に落胆を隠さず、大輔を責めはじめた。

「大輔はいつもそうなのよ。はっきりせずにグズグズと……。その性格を先生に変えてもらいなさい！」

父親も同様に、大輔の不決断を責めた。

そして、三人の重い沈黙。

「これがなまけ虫のしわざなんですよ」

セラピストが、やんわりとその沈黙を破った。両親が顔をあげた。

「なまけ虫はこういうやり方で、大輔くんをダメな子のように振る舞わせる。そして、それにまんまと引っかかった両親は大輔くんを責める。そして沈黙。事態はなにも進展せず、大輔くんは落胆し、自信をなくし、親子関係も気まずくなり、ご両親も親としての自分を責め、自信を失う……。違いますか?」

「いつもそうでした」母親が、われに返ったように表情を引き締めた。

「前回、私がお話しし、ご理解いただいたのは理屈です。しかし頭ではいくらわかっていても、いざその場になると虫に圧倒されてしまう。どこのご家族もそうなんです」

両親は深く頷いた。

「ここが勝負どころですよ! 虫をやっつけてみませんか?」

「しかしどうしたら……」母親が、うなだれたままの大輔を見つめた。

「私に考えがあります。お父さん、大輔くんが虫に勝てるよう、ひと肌脱いでいただけませんか?」

「私にできることなら喜んで。しかし、大輔は私を煙たがっているようです。私になにができるんでしょうか?」父親は不安そうな表情を見せた。

「お父さん、一つ勘違いしていますよ」

「?」

「お父さんを煙たがっているのは、大輔くんではなくて、なまけ虫なんです」

「⁉」

「お父さんは前回、大輔くんがこうなってからお父さんを避けているようだとおっしゃいましたよね？」

「はい」

「それは、なまけ虫がお父さんの存在を一番恐れているからではないでしょうか。なまけ虫は、お父さんがかかわってくるのを一番の苦手としているんですよ。だから、お父さんの親としての自信を真っ先に奪い取り、お父さんにため息をつかせ、お父さんを大輔くんから遠ざけてしまおうとしているように見えます。なまけ虫は、こう言うとお母さんには悪いけど、母親くらいはなんとかなるとなめているんではないでしょうかね」

「たしかに、私ではもうどうしようもないんです」母親が同調する。

「お父さん……」すがるような目で父親を見る母親。

しかし、このときすでに父親からは不安の色が消えており、その表情は引き締まっているように見えた。ここが勝負どころである。

「今ここで、お父さんが大輔くんと一緒に虫と対決してくださるのなら、私は何時間でも付き合いますよ！」本気である。セラピストは、少し離れた父親の席を大輔の隣りに移動させ、逆に母親には大輔から少し距離を取らせた。

父親はやや緊張した面持ちで、大輔と、いや、なまけ虫と向かい合った。

こうして父親と大輔の真剣なかかわりが始まったのである。

しかしそれはすでに、決して大輔を責めるようなものではなかった。一緒になまけ虫と戦おう！　といった姿勢に貫かれたものだったのである。

母親はそれを心配そうに見守り続けた。

セラピストは時々父親と大輔を応援した。

たとえば、大輔が長い沈黙に入り、父親が落胆を見せはじめると、セラピストは大輔の耳もとでややひょうきんにこうつぶやいた。

「今なぁ、虫がキミにささやいているやろ？『黙っとけ黙っとけ！　黙ってたら、そのうち父さん、あきらめてくれるゾ！　もうチョットの辛抱や』ってね」

これを聞いて、それまで硬い表情で沈黙していた大輔が笑顔を見せた。そして、腰を引きかけていた父親の表情には、再度気合いが充満した。そして大輔は徐々に顔をあげ父親とのやりとりを再開したのである。

また、たとえば（それでも）、父親と大輔の必ずしも器用ではないやりとりに業を煮やしたように母親が口を挟み、それをきっかけに父親が腰を引きそうになったとき、セラピストは白衣のポケットからゴソゴソとマスクを取り出し、無言でそれを母親に手渡そうとした。母親は軽く首をすくめて口をつぐんだ。そして、腰を引きかけていた父親の顔には、再々度気合いが充満したのである。

そしておよそ四〇分の格闘のあと、とうとう大輔と父親はなまけ虫に勝った。

大輔は、父親の励ましや説得を得て、週に一回だけ保健室登校を決めたのである。

そのときの、父親の（そして母親の）満足感あふれる表情も忘れがたいが、大輔の穏やかな表情は、途中経過がつらそうだっただけに、ひときわ印象深いものがあった。初回面接のときもそうだったが、虫にやられていないときの大輔はまことにユーモアあふれる少年なのである。これだけ緊迫した面接の終了時でさえも、「今日はお手間をとらせました」とセラピストに頭を下げ、セラピストや両親を笑わせてくれたものである。


第三回は保健室登校の成功が報告され、次の目標は保健室登校を週に三回することとなった。

第四回は週に三回の教室登校が目標とされた。

第五回は週に四回の教室登校が目標とされた。

第六回は前回と同じ目標になった。

第七回は普通登校が目標になった。

この間、腹痛がたまに見られても、ほとんど生活に支障をきたすものではなくなっていた。

第八回面接では、普通登校も達成されていたので、セラピストから治療の終結を提案したが、大輔が「虫の大反撃があるかもしれないので、一ヵ月後に会いたい」と言う。

そして最終回、大輔が地域の少年野球のチームに入ったことも報告され、とうとう名残惜しい別れとなった。

「また、先生に会いたくなったら、いつでも虫に負けておいで！」

面接室を出ていく大輔をからかうと、大輔は日に焼けた顔に白い歯を光らせた。

そして、セラピストに手を振り、勢いよくどこかに走り去ったのである。

虫退治奮戦記――ある母親の感想文

この手記は、本書で紹介した事例のご家族ではありませんが、「虫退治」を経験したある母親が自主的に書いてくださったものです。家族の視点から虫退治を眺めてみるのもおもしろいと思い、母親から掲載の許可をいただきました。なお、プライバシーに関係するものはすべて省略・変更してあります。

大学病院を訪れたとき、私はもう入院させることも覚悟のうえでした。もう本当にお手あげ状態。誰かになんとかしてほしかった。もう、きつくてきつくて、逃げ出したかった。子どもがその気になるのを待つだけではなく、その気にさせる方法がないものかと考えていました。

かかりつけの小児科の先生からも、このように言われました。

「一年経って、もう待っているだけではどうにもできないのでは？　本人もこの状態からなんとか抜け出したいと考えているのでは？　誰かになんとかしてほしいと考えているのでは？　一生を台なしにしますよ」

その言葉を聞いたとき、とてもショックでした。だけど家に帰ってじっくり考えて、本当にそうかもしれないと思うようになったのです。

こうして私は大学病院にいくことを決めました。太郎も素直についてきてくれました。

正直にいうと、大学病院だからきっと研究材料だろうなぁと思っていました。でも、それでもいいと思いました。太郎が学校にいけるようになるのだったら構わない。そんなことにこだわっていられない。そう考えました。

初診時、主治医の先生が「うちのカウンセラーの先生、ちょっとおもしろい先生だから、もしかしたらなにか変わるかもしれませんよ」と言ってくれました。

そして、主治医の紹介でカウンセリングの先生に初めて会ったときにちょっとビックリ。あまりにもニコニコと迎えられたので……。太郎の気持ちをグッと掴んだような、そんな印象を受けました。初めて会った先生なのに、太郎のことを認めてくれました。

「太郎君はいい子じゃないですか。性格もこのままでいいじゃないですか。お母さんもちゃんと育ててきていますよ」実はこのとき手応えを感じたのです。

そして、悪いのは本人じゃなくて「なまけ虫」という虫が悪いという話。私はこの話を聞きながらワクワクしてきました。私がずっとずっと探していたのはこれかもしれない！

「だからその虫を退治すればいいんだよ」

いったいなにをするの？　マインドコントロールとか……。

そして出てきたのが、「なまけ虫の供養」「目標」「ペナルティ」……。

なまけ虫の供養？　なんだこりゃ？　ここはたしか大学病院だよね？

これがどこかのマンションの一室だったら、私は本当に、先生が言ったように、壺でも売りつけられるかもしれないと思って通うのをやめただろう。でも大学病院だからきっと大丈夫！だけど、たったこれ三つだけ？　私は恐る恐る先生に聞いてみました。

「あの……なにか他にいろいろあるんですよねぇ」

先生は、ニコニコしながら一言。「これだけです。まぁ、見ていてください！」


先生と初めて会った日、あの帰宅時の太郎の元気な様子。さっそうとしている。太郎はきっと、ずっとずっと自分のことを責めていたと思う。「学校にいけないボクが悪い」と。

なまけ虫の話を聞いて、きっとホッとしたんでしょうね。だから、帰り道、あんなにさっそうとしていたんだろうなぁと思います。

最初の頃、目標がなかなか決まらないことがありました。このときです。先生のすごい（怖い？）ところを見たのは。先生が代わりに目標を決めてくれることなどなく、太郎に決めるように手助けしてくれるわけでもなく、「はい、お母さんどうぞ！」だって。

ええっ、先生がなんとかしてくれるんじゃないの？　もう私は冷や汗タラタラ。なにを言ったらいいの？　ものすごく恥ずかしくて、頭のなか真っ白。なかなか決まらない目標。でも、とにかく私が動かないとどうしようもない。

太郎は目標を決めることができず、メソメソしていました。私はそれをまず直さないといけないんじゃないかと考えました。

しかし先生は、「お母さん、これは太郎君の性格ですか？　それとも、なまけ虫のしわざ？　お母さんならわかるはずですよ」

「性格です」と私。すると先生が、「性格ならそのままでいいです。メソメソしながら目標を決めてください」と言われました。

それでもまだ目標を決められないでいると、「なかなか決められないのは虫のしわざだから、このままなまけ虫に負けた状態では家には絶対に帰さない！　あとの患者さんを全部キャンセルしてもいい！」

先生のこのドーンとした姿にもうビックリ。私はホントに感動しました。そしてその直後、雰囲気を変えて、「なまけ虫に勝つコツがあるよ」と太郎にコッソリ教えてくれましたね。私はその姿を見ながら、「こりゃ、ドラマになるなぁ」なんて思っていました。太郎に必要なのはこういう態度でぶつかってきてくれる人かもしれないと感じました。

太郎に「先生、今日は厳しかったねぇ。びっくりしたね。でも太郎のことを本気で考えてくれてたのがわかったかな?」って聞いたら、「わかった」と返事。次回にそのことを先生に話したら、先生はニコニコして「ありがとう」って太郎に言ってくれた。こんな一つひとつのやりとりが、どんどんどんどん太郎の心を捉えていく。

そして、それからは私が実行しました。今まで避けていたこと、いや、したくてもできなかったこと。それは最もたいへんなこと。そのことを親子でやっていくときが来た。先生なら太郎をどうにか説得できるのではないだろうかと考えて頼っていたけど、でも結局、なにかするのは親と子なんだ。私と太郎が乗り越えていくことなんだ。病院がしてくれるわけでも、先生がしてくれるわけでもない。

あるとき先生が、「太郎君はすごく慎重だけど、お母さんがそのことに根気強く付き合って、最後のとこでポーンと後押しをしている。二人を見ていると本当に絶妙なコンビネーションだと思う」「お母さんに感心するのは、駆け引きがすごく上手い。押したり引いたりをうまくやっている」「私はすごく楽をさせてもらっている。お母さんが自分でいろいろ考えてやっているから」こういったことを言ってくれましたね。すごく私の励みになりました。そして自信になりました。先生が何気なく使う言葉や私たちに見せる態度によって、私自身がある方向へどんどん誘導されていったのだと思います。私は子どもが学校にいかなくなりはじめてからの一年間、太郎のことをじっくり観察してきました。そんななかで、あの子が大事なことを決断するときの癖をなんとなく掴んだり、ものの考え方がわかったりとか、少しの蓄えがありましたが、それをうまく使うことができるようになりました。

今回の経験から痛切に思うのは、「あきらめてしまったら、もうそのときから奇跡は起こらない」だろうってこと。あきらめかけたけど、あきらめないで良かった。本当に苦しかったけど、とにかく、もう一度あの子を学校に戻すことができた。太郎は自分が学校にいけるようになったのは、半分は先生とお母さんのおかげ、そして半分は自分の実力と言っています。

一口に不登校といっても、いろんな子がいる。私は太郎のことしか知らないから人にアドバイスなんてできないし、下手なアドバイスほど怖いものもない。でも、自分の経験を人に話してあげることはできるかなって思います。自分の気持ちの変化、子どもの変化、自分がしてきたことなどを苦しんでいる人に話してあげることで、役に立つことができたらいいなと考えています。

「虫退治」の覚書

私が不登校の事例に「虫退治」を初めて行ったのは、平成五年二月です。場所は九州大学医学部附属病院。中学生男子のケースで、両親が問題解決のために「お払い」に頼るという文化をもっていたので、「虫退治」のようなメタファーが入りやすいだろうと考えて導入したのがきっかけでした。予想どおり、家族はおおいに乗ってくれて、それまでたいへん頑固な腹痛のため登校できなかったIPが、七回の面接でほぼ完治しました。このときの主治医がたいへん喜んでくれ、「なにも『お払い』が好きな家族でなくても、この方法は効果があるのではないか」と私をそそのかしたのが「病みつき」のもととなったわけです。以後、たいへん多くの、なんらかの身体症状を伴う不登校の児童や生徒、そのご家族と一緒に「虫退治」を行ってきました。

しかし、近年、実は私はこの方法で「不登校」を解決するような試みをほとんど行っていません。私の『セラピスト入門』（一九九三年、日本評論社）や『マンガでわかる家族療法』（二〇一八年、日本評論社）といった著書のなかには、両親が子どもを説得し、場合によっては力尽くでも登校を促すといったシーンが出てきますが（タイトルは「サーモスタット母さん大活躍」）、あれは一九八〇年代の事例でした。それでもいまだに紹介し続けるのは、決して「不登校にはどのようにかかわるのが良いか」を示すためではなく、セラピーによって家族の認知的な枠組みや関係の枠組みが変わっていくプロセスを示すのに大変わかりやすい事例だったからです。今やSA界の歴史遺産ですね。そして、あれほどではないにしても、この「虫退治」も今やSA界の「古典」になりつつあるといっていいかもしれません。

理由は「不登校は問題」、あるいは「なんとか学校に戻すべき」といった枠組みが社会的にずいぶん緩んできたからです。社会の意識が以前ほど不登校にこだわらなくなってきたので、家族も学校も、「再登校を促す」方向での取り組みではモチベーションがあがりにくくなったのでしょう。昔と違って「なにがなんでも再登校」にはなりにくい。「学校に戻らなくてもいろいろな道がある」といった言説がいき届いてきて、「学校にいかないこと」そのものが以前よりも「問題」になりにくくなっているように感じられるのです。

必然的に、SAとしても「再登校」にこだわらない面接の進展が通常になってきました。たとえば、「家での居心地を良くする」などは、今時のクライエント家族にとって最もしっくりくるテーマかもしれません。このように、どのようなセラピーも多かれ少なかれそうでしょうが、特にSAのようなセラピーでは（すなわち構成主義的なセラピーでは）、各々の家族の価値観に応じた目標設定やセラピーの展開がありますし、当然それはその時代や社会の価値観がダイレクトに反映します。読者にはそのような視点をもって本事例を味わっていただければと希望します。くれぐれも、やはり再登校を促すことが大事だな、などといった暴論に陥らないように。また、「虫退治」などの外在化の技法はいろいろな事例で用いることができるので、「虫退治」＝「不登校」にとどまってしまわないように。

ここで一つ、比較的最近の不登校の事例を紹介しておきましょう。

長男の不登校（抑うつ的）を心配した母親がセラピストのところへやってきた。母親は父親の日頃の態度にも不平を述べたが、その表情はひどく抑うつ的であった。

母親によると、父親は「学校に行くこと」がなにより重要であると考えていて、その気配をまったく見せない長男に嫌味を言うらしい。そして、子どものいいなりになっている（と父親には見える）母親を責め立てているらしい。とはいえ、父親は仕事中心で、積極的に家庭に関与してくれるわけでもない。母親は家庭が針のむしろのようだと嘆いた。

第二回面接は（セラピストの要請で）父親も参加した。セラピストは父親の考えを拝聴したのち、「再登校を強く促すのもＯＫ。本人の自主性に任せるのもＯＫ。実はどちらでもうまくいくのだが、両親が方針を一致させることが必要だ」と述べた。そして「再登校を積極的に促す良いやり方」の存在を匂わせ、それに父親が興味を示したのを見てとって、「父親に非常に負荷のかかる方法」を提案した。間違いなくひるんだ父親は（それを悟られまいとするかのように）ゆっくりと態度を変えていき、最終的には「やはりわが家は母親のやり方でいくのが一番良い。これまでもそうだったし、実は母親は子どもへのかかわり方が上手だから」などと意見変更するにいたったのである。

セラピストは父親の決定を尊重し、母親に対しては「父親の提案に従えるか」と問うた（もちろん母親は同意）。そして、今後父親にはどのように手伝ってもらいたいか、ここでしっかり伝えるよう指示した。母親は「見守ってくれること」を求めた。父親は協力を約束した。

第三回面接。「家庭の雰囲気がガラリと変わった」と言う、その母親の表情こそがすっかり変わっていたのは大方の読者の想像どおりである。

第9章　P循環療法入門

ＳＡは伝統的な心理療法との比較においていくつかの際立った特徴がありますが、その一つは過去ではなく現在のありように重点を置くことです。それは問題や症状の原因ではなく、その持続因に焦点を当てる考え方であるといえます。具体的には、現在クライエントが周辺のさまざまな現象のなかのなにに注目し、それにどのような意味づけを与え、どのようなコミュニケーション（言語、感情、行動など）を行っているかを分析します。通常、そのような連鎖は自然と変化し続けるものですが、それが比較的習慣化（固着化）したように見え、かつその連鎖の一部に「問題」や「症状」とラベリングされがちな現象が存在していると、それにとらわれた人はクライエントとして治療（心理療法）を受けることになります。

このような観点から、ＳＡでは、「問題」や「症状」を直接扱うのではなく、あるいは「性格」や「発達」を直接扱うのではなく、また「過去」を扱うのでもなく、ただ現在の「連鎖」「循環」「円環」『相互作用」といった現象を変化させることが主たる目標となります。その目標が達成されることで、連鎖反応的に「問題」「症状」「性格」「発達」あるいは「過去（過去に関する語り）」も自然と変化すると考えるのです。

また、「問題」「症状」を含む連鎖や相互作用は、単に一個人内で生成・維持されているものではなく、周辺の人物との間に起こるなんらかのコミュニケーションの相互作用を通して強化あるいは減弱されると考えられます。周辺の人物で最も重視されるべきは生活をともにしている家族である場合が多いので、家族構成員も同時に面接（家族合同面接）することで個人の変化を速やかに生じせしめることが可能となります。しかしこれは逆に、うまくいくと、個人の変化が他の『家族構成員の変化を生じせしめる可能性も同時に示唆しています。

さて、そのようなSAにおける治療的介入法はさまざまであり、実はSA特有のものがあるわけではありません。対象が個人であれ家族であれ、「連鎖・相互作用を変える」といった意識をもったアプローチであるならば、これまでに臨床心理学やその近接領域で得られたどのような知見や方法を用いたとしても、それはSAであるといえます。「SAは方法ではなく考え方である」といわれるゆえんです。

そのような方法群の一つとしてリフレーミングがあります。これは既存のさまざまな現象に対する意味や解釈の仕方を変えることであり、「問題をずらす」「新しい問題にシフトする」「問題の再定義」などといった手法もその一つです。これは、クライエントが現在最も注目しているポイントから焦点をずらすという意味で「脱焦点化」といってもいいでしょう。クライエントが治療の場に持ち込んだ「問題の定義」に対してセラピストがその定義から外れたところの、しかしクラエイントが納得できる、そして解決の道筋が明瞭で、だからこそ当初の定義よりも安心と希望を強くもてる、そのような再定義を行うことです。クライエントはその新しい定義に基づいた新しい相互作用を、個人内においいて、あるいは対人関係において、展開することになります。

ここでは、「P循環・N循環」といったキーワードを用いて行う「P循環療法」を紹介したいと思います。まずは事例を紹介し、考察で機序について説明しましょう。

事例

［クライエント］五〇歳男性。商社勤務、事務職。（第六回面接のみ、妻も登場）

［主訴］初回面接では「眠りが浅く疲れが取れない。腰痛がつらい」ことだけを訴えたが、第三回面接において、「長男が大学卒業後に家に引きこもりがちである」ことと、「次男（大学生）も抑うつ気味で授業に出ない日が多い」ことも解決したいと訴えた。

［家族構成］クライエントと、専業主婦の妻（四〇代）、長男、次男の四人家族。

初回面接

クライエントは中肉中背。きちっとした身なりで表情は柔和。初対面時のセラピストとの社交的な交流もスムーズ。やや神経質で固い印象を受けるが、話し方は丁寧で内容の伝達能力も高く感じられた。

クライエントの訴えを要約すると次のとおりである。

「仕事には大きな支障はないものの、慢性的に熟眠感が得られない。腰が痛く、いつも身体がだるい感じがして疲れが取れない。いつ頃からかはっきりわからないほどずっと続いている。子どもの頃からだったような気もする。病院で薬をもらったこともあるのだが、なかなか良くならないので、医者から心理療法を受けたほうが良いと言われた。それをきっかけに、約一〇年前からさまざまな心理療法を受けてきた。どれも気休めにはなったが、これといった効果がなかった。一番良かったのは催眠療法かもしれないが、それも少しいいかなと思っても効果が続かなかった。また別のカウンセラーからは、父親との関係が問題であることを指摘された。今はもう亡くなっているが、たしかに幼少時代から父親とは関係が悪かった。なぜか父親との細かな記憶はまったく出てこない。そのことと症状にはなにか関連があるのだろうかと気にはなったが、治療は続けなかった。今も心のどこかで引っかかっている。今回は、最後にみてもらっていた認知行動療法の先生が、Ｋ市に自分の師匠がいるからそこにいくようにと紹介してくれたので、たいへん遠方ではあるが一度会ってみようと思って予約を取った」

この時点での見立てと方針１

セラピストには、クライエントは身体症状へのとらわれが強い状態であり、それを解消しようとするあれこれの努力こそがかえって身体症状を持続させている要因として感じられた。セラピストはこれを第一義的な問題持続システムと見立てた。また、これまで種々の心理療法を受けていたが、ほとんどの治療スタイルは症状に焦点化されたものであり、面接室での会話も症状にかかわるものが中心であったようだ。これはクライエントの志向性には合致したが、それに終始することで、結局は治療者が従来のパターンに巻き込まれることになったともいえる。セラピストはこれを第二義的な問題持続システムと見立てた。唯一、「父親との関係」に焦点化された治療もあったようだが、クライエントはその解釈を十分に受け入れることができなかったのか、これも中断に終わった。また紹介者とクライエントの関係は良好であったようだが、クライエントの今回の来談動機は「一度試しに」といった体であることが窺えた。そこでセラピストは、クライエントの治療継続意欲を確立しつつ、同時に問題の再定義の下地作りを行うこととした。

セラピストは「紹介者の先生はたいへん優秀な人であり、私も尊敬している。あなたの住所にも近いのでそちらに通い続けたほうがいいのではないか」と伝えたが、クライエントは「その先生も少々治療に行き詰まっているようであるし、こちらは遠方ではあるものの、一～二ヵ月に一度くらいなら可能なので、そのペースで良ければ通いたい」と言う。そこでセラピストは「一～二ヵ月に一度でも構わない。ただ私の治療はあなたがこれまで受けてきたカウンセリングや、あなたがイメージしている治療とずいぶん違う可能性が高いが、それでも構わないか？　ことによるとがっかりさせるかもしれない」と述べた。クライエントはちょっと驚いたような表情を見せたものの、「ワラにもすがりたい気持ちでもあるので、ぜひお願いしたい」と言う。セラピストが「今日はもう時間が来たので詳しい話ができないが、次回、もしも私の語ることにがっかりしたら正直に伝えてほしい。治療中断を選択されても良い」と述べると、クライエントは「たいへん優秀な先生だと聞いてきたので、もっと自信満々の人かと思っていた」と笑う。セラピストも「それはきっと紹介者の勘違いだ」と笑った。こうして、一〜二ヵ月に一度の治療契約がなされた。

この時点での見立てと方針2

治療関係の形成と、問題の再定義に向けた下地作りはいくらか整ったと判断し、次回はP循環療法への導入を行うこととする。

第二回面接

クライエントは「この一ヵ月、症状はまったく不変である」と言う。

セラピストは切実に語られる身体的な訴えをしばらく傾聴したあと、「今回は私の治療の考え方と方法について話をするが、少々風変わりな話でも聞いてもらえるか？」と問うた。クライエントは「それを楽しみに来た」と言う。

セラピストが「あなたはなにか特定の宗教をもっているか？」と問うと、クライエントは「まったくない。そのような非科学的なものは信じたことがない。ここは宗教系の大学だが、そのような宗教を始めなければならないのか？」と訝しげな表情で問い返す。

セラピストは「もちろんなにか特定の宗教の勧誘ではまったくない。しかし、ちょっと非科学的だと思われる可能性が高いし、そのようなものにまったく関心がない人にはおそらくかなり聞きづらい話だ」と述べると、クライエントは「宗教は嫌だし、非科学的なものには興味ないが、もしもそれで治るものなら、理屈はどうあれ受け入れることはできる」と言う。

セラピストは嫌になったらいつでも話を中断させても良いと断ったうえで、ホワイトボードを用いながら、次のような話を始めた。

～以下、話の概要～（実際はセラピストからの一方通行ではなく、クライエントとのやりとりのなかで伝えられた内容である）

人間の心のなかにはP要素とN要素がある。PはPositive のP、NはNegative のN。「感謝」「赦し」「安心」「喜び」「自信」など、これらの要素はP要素。「悩み」「怒り」「恨み」「妬み」「哀しみ」「恐怖」「不安」など、これらの要素はN要素。

N要素はあなたの個人の内部で循環してあなたの心と身体にダメージを与える。心身医学でいうところの心身交互作用はこれに当たる。たとえば強い「怒り」がうつや心疾患につながるなど。これをN循環と呼ぶ。要するに、身体症状そのものよりも、現在どのような循環のなかにいるかのほうが大事なのである。

また強いN循環の渦中にいると、周囲も巻き込み、近くの人や環境をN要素で満たしてしまうこともある。NはNを呼ぶことになりやすい。波長の合うものが寄ってくるのだ。とはいえ、自分自身を責めてはならない。責めるとますますN循環である。

N循環に入ってしまうことは誰にでもあるので、性格や生育歴・生活歴などに原因を求める必要はない。原因を探し出すとますますN循環が大きくなることが多い。原因は問わず、そのようなN循環の渦からＰ循環の渦に移行することこそがさまざまなことから回復する道である。環境も心身の健康も、Ｐ循環の渦のなかにいてこそ良好なものが得られるということ。

さて、そのＰ循環を簡単に作れる方法があるのだが、やってみる気はあるか？

セラピストはこのような話を、クライエントの反応を幾度も確かめながらゆっくりと進めた。クライエントは繰り返し頷いて聞いていた。

そのうえでクライエントは「Ｐ循環・Ｎ循環の話はなるほどと思ったが、原因を気にしなくてもいいというのは本当なのか？　以前のカウンセリングで父親との関係、特に子どもの頃の経験や出来事でなんらかの未処理の問題があると言われたのだが」と問うた。

セラピストは「現在の症状と過去の体験をつなぐのは一つの考え方に過ぎない。また原因論はともかく、仮になんらかの嫌な体験があったとしても、現在Ｎ循環の渦中にいるがためにそいつがわがもの顔でのさばっているのだ。現在の循環をＰ循環に変えることで、自動的に過去の嫌な記憶もクリーニングされるものである」と述べた。

クライエントが「その方法をぜひ教えてほしい」と言うので、セラピストは「いろいろあるが一番簡単なものを教える」と述べたうえで、次のような文言を用紙に書いて渡した。

〈私は○○さんを赦しました。○○さんも私を赦しました。ありがとうございました〉

セラピストは「○○のなかには、一日の生活を振り返り、腹が立った人やイライラさせられた人、恨んだ人や妬んだ人、蔑んだ人や批判した人、そのような人の名前を入れてほしい。一日一人でいいし、できるだけ軽度なN的感情から処理するのがよろしい。このおまじないを就寝前に三回唱えてから眠るように」と述べた。

クライエントは「予想していた以上にすごく怪しいが、しかし方法としては簡単なことなので、とりあえずこのおまじないをやってみる」と笑って約束した。

セラピストは「ただし、これをやったからといってすぐに症状が激変するわけではない。症状改善の前に、日々の小さな出来事のなかにこそ効果が現れてくる」と伝えた。

この時点での見立てと方針3

セラピストには、問題の再定義とそれに基づく課題提示がクライエントに無事受け入れられたように感じられた。次回面接はこの再定義を維持することと、さらにクライエントが従来主たる話題にしてきた症状から他の話題への移行を試みる。可能であれば、そのような新しい話題に関連して、「課題（おまじない）を遂行したことによる良い変化」を取りあげるような会話を行いたい。

第三回面接

クライエントは「この一ヵ月も症状はまったく不変である。しかしおまじないは続けている」と言う。

セラピストは「循環が変わっていくのはゆっくりで、それは日常の出来事の小さな変化として感じ取れる。多くの場合、症状の変化は一番最後のことなので、症状の具合についてはしばらくここでの話題とせず、まずは日々の生活の様子を聞きたい」と述べ、二人で日常生活の話題を膨らませた。

すぐに話題は家族のことに展開していったが、クライエントは「長男が大学を出てから現在まで引きこもったような生活をしている」こと、「次男も元気がなくて大学を休みがちである」ことを語った。そして、「妻もそれをたいへん心配しているが、私と子どもたちはほとんど会話がないので、父親としては特に手を打つことができずにいる。われわれ両親の心配とイライラで、家中がＮ循環の渦のなかにあるようだ」と言う。そして、「このおまじないを続けておれば、そのようなことも解決するだろうか」と問う。

この時点での見立てと方針４

「身体症状を直接扱うよりもＰ循環を作ることが大事」といった再定義に乗って「効果はまず症状以外の日常生活に現れる」とセラピストが方向づけたことで、新たに「家族の問題」がクライエントから語られはじめた。セラピストは話題をこれに焦点化することにし、また家族構成員の相互作用を直接扱える機会（家族合同面接）をもてる可能性があるか、クライエントに打診してみる。

セラピストはクライエントの問いに答えて「家族の問題の解決も可能である。あなたの変化が家庭内の循環に影響するので、間接的に子どもたちにもなにかしらの変化が生じるだろう。」と述べた。そして「もしも奥さんが同じように協力してくれるとさらに変化は早いが、奥さんはこちらに来ることができるか？」と問うと、クライエントは、「子どものことはむしろ妻のほうがたいへん心配していて心労も強いのでぜひ来させたいが、そもそもカウンセリングに信用がないかもしれない。というか、私に信用がない。私が今まであちこちカウンセリングにいっているのになにも変わらないので」と元気なく言う。

セラピストが「ましてや、ここでの一見風変わりなやり方を受け入れてくれるのは難しいかもしれない？」と心配すると、クライエントは「妻は疑い深いので難しいかもしれない」と言う。

そこでセラピストは「とりあえずもう少しあなただけがおまじないを続けて、なにかしら子どもたちの変化が見られたら、奥さんもこちらに興味をもつのではないか」と述べたうえで、「おまじないの文言のなかの◯◯の部分に子どもたちや奥さんの名前を入れるのも良い。ともかく小さな変化を見つけてほしい。おまじないだけは続けてほしいが、子どもたちへのかかわり方には特段のアドバイスはない」と伝えた。

クライエントは「おまじないを続けてみる」と約束した。

この時点での見立てと方針5

セラピストはクライエントの反応を見て、家族合同面接の導入を急がないことにした。次回面接では「家族」に焦点を当てた会話を維持し、可能な限り良い変化が浮きあがるよう工夫したい。

第四～六回面接

第四回面接

クライエントは開口一番「長男に良い変化が見られた」と驚いた様子である。「実に小さなことだけれども、以前に両親がプレゼントした財布を、彼は長い間ほったらかしにしていたのだが、それを最近使いはじめたのだ」といささか興奮気味に語る。

セラピストが「P循環はそのような小さな変化から現象として現れてくる」と述べると、クライエントは他にもいくつかの長男の変化を思い出して述べた。セラピストはその話を詳しく掘り下げて聴くように努めた。クライエントは「このおまじないは本当に効果があるのかもしれないので、さらに継続したい」と約束した。本面接中、身体症状についてはほぼまったく語られることがなかった。稀に語られた際も「放っておけばいいのですね？」とみずから念を押すようにその話題を閉じようとした。

この時点での見立てと方針6

問題の再定義（P循環を作ることが重要）、課題の遂行（おまじない）、話題の移行（「身体症状」から「家族の問題」へ）、「良い変化」の語り、これらがすべて順調に進んでいることが窺えた。次回面接も同様の方針で進める。

第五回面接

クライエントは「長男はしばしば買いものに出るようになった」と言う。また「次男が後期の大学の授業に出始めた」と言う。続けて「今がチャンスだと思い、妻に、先生の治療のことを話してみたところ、驚いた様子だったが興味をもったようである。次回は一緒に来てくれるのではないかと思う。今日も来てくれたかもしれないが、まずは先生に相談してからと考えた」と言う。

セラピストは「ぜひ次回は夫婦で来てほしい」と依頼した。するとこれまでにないことであったが、クライエントは次回の予約を二週間後に取った。

この時点での見立てと方針7

夫婦面接へのクライエントのモチベーションが高まったと判断し、夫婦そろっての来談を指示した。次回は妻にP循環療法の概略を説明し、夫と同じ枠組み（P循環の形成が大事）が共有できるようにしたい。そのことは夫婦間の相互作用の変化を直接的に促進する可能性があり、ひいては間接的に子どもたちへの変化を促すことが期待できる。

第六回面接

冒頭、夫はいつもよりも緊張した様子で、言葉数も少なく感じられた。隣りの妻は落ち着いた様子で、柔らかい表情でセラピストに挨拶する。

セラピストが妻に「今日はどのような思いで来たか」と問うと、妻は「夫から初めてカウンセリングに一緒に来てほしいと言われた。今までに出会ったことのないタイプの先生で、子どもたちにも良いことが起きる可能性が高いと夫が言う」と述べた。

セラピストは遠方からの来談を歓迎し、しばらくの時間を費やして子どもたちの心配事を傾聴した。そしてセラピストは、妻が半信半疑ながらもこの治療に希望と期待をもっている様子を感じ取ったので、安心してP循環・N循環についてのレクチャーを夫婦に向けて行った（つまり夫にとっては二回目）。

これを聞いた妻は「私は元来スピリチュアルなものに興味がある。今の話はいわゆる引き寄せの法則に似ているので、とても理解ができる。それに、子育ての失敗ではないと言われてたいへん気持ちが楽になった」と述べた。そしてセラピストからのおまじないについての提案をあっさりと受け入れた。

このあと妻からは「N循環とはわかっていても、子どもたちのことを思うと不安が強く出る。どうしたら良いか？　また、子どもたちには日々どのように接したら良いのか？」といった質問が出た。これに対してセラピストは「N的な感情は意識的にコントロールできるものではない。これまでどおり不安や心配が出ても仕方がないので、無理に押さえ込もうとせず放っておくよう。そしておまじないだけを続けるよう。徐々にP循環が生じれば、自然とN的なものが目立たなくなるものである。また、子どもへのかかわり方も無理に変えなくてもこれまでどおりで良い。おまじないを続けていくなかで、子どもへの思いや子どもたちへのかかわり方が自然と変わってくることがあるので、その場合はそれを受け入れるように」と伝えた。

この時点での見立てと方針8

妻もP循環療法の枠組みと課題を快く受け入れたと思われたが、遠方なので夫婦面接は今回だけとした。クライエント（夫）との次回面接は、現状の枠組みの維持と可能な限り「良い変化」に注目する会話を引き続き行いたい。

第七～九回面接

第七回面接

クライエントは、「前回の面接からたいへん気持ちが楽になったと妻が喜んでいる。あれこれ心配しても仕方ないという感じで、淡々と夫婦一緒におまじないをしている。今までは自分一人、内緒でおまじないをしていたが、今はコソコソしなくても良くなったので私も楽になった」と笑う。また「子どもたちは引き続き落ち着いている。あまり気にならなくなった。本人たちに任せておけば良いという感じになった」と言う。

この時点での見立てと方針９

夫婦あるいは家族全体に変化が及んでいると推察された。そしてその変化はクライエント個人のさらなる変化を促進しているように窺えた。

第八回面接

クライエントは「特別な問題はない。長男がアルバイトを始めた」と言う。

セラピストとクライエントは「おまじないのいろいろなアレンジや工夫」あるいは「スピリチュアルなあれこれ」について語り合う。

終了間際、久しぶりに身体的なことに話題が及ぶが、クライエントは「だいたい良い。なにかあってもあまり気にならなくなった。こんなものだろうと思っている」とあっさり答えた。

特段のことがなければ次回面接を最終回にすることで合意した。

この時点での見立てと方針10

身体症状へのとらわれは以前とはかなり違ってきたようである。セラピーが終わることにも大きな不安を示すことがなかったので、次回を終了予定とする。

第九回面接（最終回）

クライエントは現状を報告し、これまでの面接を振り返った。「当初は身体症状のことで治療を受けに来たのに、こんな変な治療で大丈夫かと思ったが、だんだんと身体のことにこだわらなくなっていったように思う。少々のことがあっても、まぁこれで良いかと思えるようになった。すると、特にこの二ヵ月間のことだが、驚くほど調子が良くなったような気がする。結果的に今はよく眠れるようになっているし、腰痛や倦怠感も気にしなくなっていて、不安感もなくなってきているのがわかる。実は長年鼻づまりや花粉症に苦しんでいたのだが、不思議なことに今年はそれもない。子どもたちは二人ともバイトと大学でそれなりに頑張っている。正直な話、約一年間九回の面接でここまで変われるとは思わなかった。非科学的なことは好きではないけれども、おまじないは今後も続けたい」。

セラピストは「一見怪しげなP循環の話や課題をそのまま受け入れてくれた、あなたの素直な心のおかげである」と述べ、セラピーを終結とした。

小考察とまとめ

紹介した事例はP循環療法を用いることで著明な改善を見せたＳＡの一事例です。Ｐ循環療法とは、「ポジティブな言説や行動を広げると自分自身や環境が好転するといった枠組みに基づき簡単な課題を与え、その遂行に従って生じる良い変化を話題にしていく」といった形式を取るものです。課題としては「感謝」や「赦し」などの文言が盛り込まれた「祈り」を用いることがもっともシンプルです。

近年、ポジティブ心理学の発展に伴い、人間の精神的な病理や異常性ではなく、人間の幸福や肯定的側面に注目した研究が盛んに行われるようになっていますが、そのなかでも感謝はwell-beingとの関連が強く指摘されています。そこで本来であれば、「感謝」「許し」「祈り」などのコンテンツが、人間心理に及ぼす効果をまずは検討すべきなのかもしれません。しかし本書の主題であるSAの視点では、それはあくまで第二義的なものなのです。SAとしてのP循環療法においては、問題持続システムの変化を引き起こすための有効な舞台装置、そこにこそ第一義的な価値があるのです。ひょっとするとスピリチュアル好きなセラピストにはたまらない、そのようなコンテンツ満載のP循環療法であったとしても、やはり狙いは問題持続システムの変化。まずはここ。その意識あってこそのSAなのです。そこをしっかりと理解したうえで、「感謝」「許し」「祈り」などのコンテンツそのものがもつ（不思議な）力にも興味をもっていただけると良いと思います。

同じ意味で、P循環療法の枠組みをクライエントと共有できたあとは、当初の問題そのものはなるべく扱わないようにし、「P循環を作ること」を主たる話題として会話を継続しようとする意識をもつことがセラピストには求められます。たとえクライエントがP循環療法の枠組みを受け入れたとしても、「問題に焦点化された会話」を延々と繰り広げることが続くようであればセラピーの成功はおぼつかない。可能な限り「解決に焦点化された会話」を展開する必要があり、それが面接室での習慣的会話として観察されるようになったならば、まさに新しい相互作用が産出された（システムの変化が生じた）といえるのです。

しかしながら、当初クライエントによって持ち込まれた問題がなんらかの身体症状である場合、特に身体症状への過度な不安とこだわりを有するタイプのクライエントにおいては、これは必ずしも容易なことではありません。よって、このような場合は「身体症状以外のなにか他の問題」に焦点を当てることができれば、それがさらに有効な手段となります。紹介した事例においては、セラピストは従来の問題持続のパターンが再現することを避けるために、「P循環形成の効果としては症状の変化は一番最後である」と伝え、まずは症状以外の日常の出来事に注目するように促しました。するとクライエントは主として「家族の問題」を話題にしました。そこでセラピストは「家族の問題」が以後の面接の中心的な話題となるよう徹底したのです。

なお、これと（表面的には）よく似た現象として、クライエントが以前受けた治療においても、「父親との関係」に焦点が当てられたことがあったようです。そのセラピストがSAの立場から問題の再定義あるいは脱焦点化を図ったのかどうかは定かではありませんが、いずれにせよ、この場合クライエントがみずからその話題を選んだわけではなく、セラピストがやや強引に方向づけした可能性があります。その結果、クライエントに不要な不安を惹起させることになって、治療中断につながったと考えられます。

最後に、P循環療法の適用及び禁忌について若干の考察を加えておきます。通常、セラピストはクライエントによくジョイニングし、クライエントが受け入れられる形で注意深く「問題の再定義」を行う必要があります。しかしながらP循環療法の場合、これと同じような枠組みがいわゆる「引き寄せの法則」などといった名称で広く一般に知られていることもあり、比較的スムーズにクライエントに受け入れられることが多いように思われます。本事例のように、「宗教は嫌い」などと明言する人であっても、セラピストが丁寧な運びを心がければP循環療法への導入は必ずしも不可能ではありません。ただし、宗教あるいはスピリチュアルなことを極端に強く嫌悪しているタイプのクライエントに用いることは慎んだほうが良いでしょう。クライエントにとって心理療法が嫌な体験になりうるうえに、セラピストが悪い風評に晒される可能性も否定できません。そのような見立てに基づく導入の判断が、P循環療法を効果的なものとするかどうかの、最初にして最大の関門であるといえます。

以上述べたように、対象者の価値観によっては導入への慎重な配慮が欠かせないものの、P循環療法は従前の問題持続システムの改変を早期に促す可能性が高い方法であり、SAのいっそうの効率化に貢献すると思われます。

第10章 P循環療法の失敗例
――筆者の失敗と臨床実習生による機転

前章ではP循環療法の成功事例を報告しましたが、次に失敗事例を紹介したいと思います。ただ、ここで「失敗」というのは、初回面接において私がその導入にしくじったことを指すのであって、事例そのものは臨床実習中の大学院生の機転により無事終結しています。つまり事例そのものは成功例といえますが、私の体験としては失敗であったという意味なのです。

まずはP循環療法の進め方について復習し、そのあとに事例を報告しましょう。

具体的には、初回面接において概ね次のような展開を見ることになります。

①まずはクライエントの主訴をよく聴く。

②頃合いを見て、P循環・N循環の説明を以下のように行う。

人間の心のなかにはP要素とN要素がある。PはPositive のP、NはNegative のN。「感謝」「赦し」「安心」「喜び」「自信」など、これらの要素はP要素。「悩み」「怒り」「恨み」「妬み」「哀しみ」「恐怖」「不安」など、これらの要素はN要素。

N要素はあなたの内部で循環してあなたの心と身体にダメージを与える。心身医学で言うところの心身交互作用はこれに当たる。たとえば強い「怒り」がうつや心疾患につながるなど。これをN循環と呼ぶ。また強いN循環の渦中にいると、周囲も巻き込み、近くの人や環境をN要素で満たしてしまうことが多い。NはNを呼ぶことになりやすいのだ。「○○が問題」なのではなくて「N循環の渦中にあることが問題」なのである。

とはいえ、自分自身を責めてはならない（責めるとますますN循環）。N循環に入ってしまうことは誰にでもあるので、その原因（性格や生育歴・生活歴など）を求める必要はない（原因を探し出すとますますN循環が大きくなることが多い）。原因は問わず、そのようなN循環の渦からP循環の渦に移行することこそが自分自身や周辺が回復する道なのである。環境も心身の健康も、P循環の渦のなかにいてこそ良好なものが得られるということ。

さて、そのP循環を簡単に作れる方法があるのだが、やってみる気はあるか？

③クライエントが同意した場合、以下のような感謝行を課題として与える。

「今日も一日ありがとうございました」「○○さんありがとうございました」など、感謝が表明される文言を三回繰り返して床に就く。

④二回目以降の面接においては、可能な限り、クライエントの日常に生じている「良い変化」「良かったこと」に焦点を当てた会話を膨らませるようにする。

このようなP循環療法を行うにあたっての注意事項として、（すべての心理療法と同じように）押しつけにならないような配慮は極めて重要です。セラピストはクライエントの価値観やモチベーションの有無などに慎重でなければなりません。それでは事例をみてみましょう。

初回面接前半

クライエントは一七歳女性、無職で、母親に連れられてやってきた。帽子を目深にかぶり大きなマスクで顔を隠している。彼女は高校卒業後、自宅に引きこもりがちなのだが、母親が最も困っていたのは整形手術にかかるお金を要求されることであった。クライエントはすでに手術を一度行ったようなのだが、まだまだ変えたい部分があると訴えた。

母親はもう整形しないよう娘を説得してほしいと述べたが、すぐに娘が母親に激しく反論し、整形が必要な、いささか理不尽な理由をまくし立てた。母親は不快な顔のまま黙り込んだ。

またクライエントは、近所の同級生にいじめられたことで人生が狂ったと考えているようで、彼らを厳しく責めた。そして「私は運が悪い」と口癖のように繰り返した。そこで私は「整形したほうがいいかどうかはわからないけれども、運を良くする方法なら教えてあげることができる」と述べた。

それを聞いた母親はがっかりした風情。しかしクライエントは提案に興味を示し、「それを教えてくれるならカウンセリングに通う」と言う。これを聞いて、母親は嬉しそうな表情。

ここで私は、紙と鉛筆を用いてP循環・N循環の説明を始めた。そして現在のクライエントがN循環の真っ只中にいることと、その結果として「悪い運をたくさん引き寄せている」ことを示した。

クライエントは「そのとおりだ」と言う。

私は続けてP循環に移行することで「運が良くなる」ことを解説した。

クライエントは「P循環を作りたい」と言う。

私はとりあえず一〇回ほど面接に来るよう提案した。そして「N的な出来事や感情は仕方ないのでとりあえずは放っておいて、積極的にP循環を作る」といった方針を共有したうえで、毎晩の感謝のお祈りを課題として提示した。それは「今日も一日ありがとうございました」と三回繰り返すものであった。

クライエントは「ずいぶん怪しいけれど、それでP循環が作れるならやってみたい」と述べた。

私はここで、次回以降の面接担当者として大学院生（女性）を紹介し、さっそく三〇分ほど面接をするよう指示した。

初回面接後半

ところが、大学院生が面接してみると、クライエントは必ずしも課題に対して積極的ではなかったのである。

「なんだか怪しい話で、変な宗教みたい」と訝しがる。

そこで大学院生は「あの先生はたいへん怪しいおっさんだ。私たち学生のなかでも、怪しい人だと有名である」と言い放った。

大学院生とクライエントは「怪しいおっさん」の話題で笑い合った。

こうして二人が意気投合したのち、大学院生は再度P循環の話題に戻り、「たしかにそのような方法で運が良くなる可能性もあるかもしれない」とクライエントに言わしめ、大学院生との継続面接を約束したのである。

その後

約一年に渡って、クライエントと大学院生の面接は三〇回継続した。この間、クライエントはアルバイトを始めた。高校卒業資格の認定を受けた。某大学入学試験に合格した。なにより、整形手術にはいかなかったし、すでにそのような欲求もなくなっていた。最終回、私が久しぶりに会ったクライエントは、顔をなにかで隠すこともなく、笑顔のたいへん美しい娘さんであった。

最後に、大学院生の手記を紹介しておきたい。本セラピーの特徴をよく示していると思われる。

大学院生の手記――クライエントとの面接について

クライエントとの面接を開始した際、クライエントは明らかにP循環の話を疑い、こちらの出方を窺っている様子でした。そこで私は、心のなかで先生に対し謝罪の言葉を唱えながら、先生を「胡散臭いおっさん」にしてしまうことで、彼女に溶け込もうと決意したのでした。

この作戦はとても効果がありました。ものの数分で私たちは、「なんか変な占い師に会ったみたいだった」「だいたいポジティブとかいう言葉自体が無理」等々、先生にはたいへんに失礼な言葉の数々で、おおいに盛りあがったのでした。

しかし、盛りあがりも落ち着きを見せはじめた頃、クライエントはまた暗い表情に戻り、「人生で楽しいことなんて一つもないじゃないですか」と、自分がどれだけつらい目に遭いながら生きてきたかということを説明し、そんな自分があんな胡散臭い方法で「良くなる」ということが想像できないと語りました。そこで私は、P循環を作る方法はたしかに胡散臭い方法ではあるが、クライエントのなかの「良くなる」というイメージをはっきりさせるのに役に立つかもしれない、とP循環を使ってみることを提案しました。するとクライエントは少し乗り気な様子を見せてくれましたが、「ポジティブっていうのが気持ち悪い」と、言葉に難色を示しました。

そこで、私たちは二人で新しい言葉を決めることにし、「ポジティブ」を、「それなり（それなりに良い）」にあらため、面接では一週間に起こった「それなり話」を報告してもらうことにしました。第二回面接以降、「それなり話」という名の、クライエントが日々の生活のなかで経験したおもしろかったことや楽しかったことの話へと話題がシフトしていきました。

はじめのほうこそ、「良いことなんか一つもなかったからなにも話すことがない」とぼやいていた彼女でしたが、ポジティブな話ではなく「それなり話」をすれば良いということが再確認できると、スイッチが切り替わったように嬉々として話しはじめる様子が見受けられました。そのような面接を行うにつれてクライエントに変化が見られはじめました。まず目に見える変化として、段々と化粧をしてこなくなり、まるで外国人のようだった見た目が、年相応の女の子へと変化していきました。

次に、面接のなかで整形に関する話題が出ることが少なくなっていきました。「バービー人形のようになりたい」と言っていたクライエントが整形を繰り返している人の顔を「化けものみたい」と評し、「ああはなりたくない」と語りました。そして最後に、自分がいかに今まで不幸に生きてきたかということを語ることがなくなりました。

私が面接のなかで心がけていたのは、クライエントの「生きていても楽しくない」という主訴から離れるという点のみでした。それには、面接における「P循環」という枠組みがとても役に立ちました。「P循環」という私にも彼女にも共通の認識を利用することで、主訴とは違う側面（「それなり話」）に光を当てやすかったのです。

また、この面接を通して私が一番驚きだったのが、問題から離れる、そのことで目の前のクライエントが目に見えて大きく変化していったことでした。そしてそれはクライエント自身にとっても同じように大きな驚きであった様子で、「今思うと、そんなことを言っていた前の自分が信じられない」と話してくれたこともありました。クライエントがあれほど気持ち悪がっていた感謝行も、不定期ながらも行っていたのを知ったときはちょっとびっくりしました。

このような貴重な経験をさせていただいたクライエントには感謝の思いでいっぱいです。そしてそのような機会を与えてくださった先生にもとても感謝しております。面接内では致し方なく、心にもない失礼なことをたくさん申してしまいましたが、お許しください。ありがとうございました（感謝行・笑）。

小考察とまとめ

私は日頃から、特に指示的なカウンセリングにおいては、「指示」に対するクライエントの反応について、セラピストはどれほど神経質になっても構わないと考えています。ところが、そのような私であってさえも、本事例においてはクライエントの反応を読み間違えたのです。いいわけするなら、P循環療法の説明から感謝行の提示といった一連の流れに「慣れ」が生じてしまっていて、慎重さを欠くことになったのでしょう。ある意味、マニュアル化の弊害であるといえます。すべての事例に個別性があり、同じ事例はまったく存在しない。常に一期一会の思いを胸に抱いて会話することが大事である。このような当たり前のことを、あらためて肝に銘じた次第です。

本事例は私にとっては失敗事例でしたが、非常に幸運なことに、大学院生に救われることで成功事例へと転じました。大学院生の機転で、私の失敗を逆にうまく利用して関係形成をやり直してくれました。また、クライエントの受け入れられる用語に変換したうえで、P循環を形成するといった治療的文脈を維持してくれました。私は日頃から、「感謝行」「P循環・N循環」といった言葉や形式にとらわれることなく、臨機応変な対応によって実質的に関係性を変えようとする意識をセラピストはもたねばならないと大学院生に指導していますが、このたびはこのことを、立場を逆転して大学院生から教えられたわけです。「指導する者」「指導される者」など、教育上の役割・立場はそれぞれに与えられてはいるものの、実際は一つのチームであり、教員と学生は相互に研鑽を積む仲間であることを、あらためて思い知らされた事例でした。

第11章

「憑依」とP循環療法

次に、Ｐ循環療法を行った特殊な事例について、貴重な記録と思われるので紹介し、ＳＡの枠組みから、そして少々スピリチュアルな枠組みから、若干の考察を加えたいと思います。

これは、抑うつ感、希死念慮、パニック発作、不眠、リストカット、そして家族への暴言が止まらないことを主訴とする女性（三六歳）と、その夫である男性（三七歳）に対して夫婦面接が行われた事例です（紹介者は主治医。抗うつ薬、抗不安薬、睡眠薬が処方されていた）。

女性は、中肉中背、長い黒髪。左腕の肘から下にリストカット防止用のプロテクターをはめていました。薄化粧した表情は硬いものの、穏やかに理路整然と話す人でした。しかし面接後半、「四〇代の白い服を着た黒髪の見知らぬ女性霊」にリストカットをするように導かれると告白します。また、男性も希死念慮が強く、インターネットの自殺サイトばかり見ているといいます。彼の両目の下にはくっきりと目立つ隈があり、表情は女性よりもいっそう硬く見えました。

セラピストは自殺サイトを見ないよう指示したうえで、「女の霊」のそそのかしに負けないよう勇気づけ、それに対抗する方法をアドバイスしました。

三回の面接で、女性の症状は急激に改善し、家族関係も好転しました（家族は他に一〇歳と七歳の息子がいる）。

女性は後日、第三者（大学院生）のインタビューで、「セラピストに霊の存在を認めてもらえた」ことと「夫と会話ができてわだかまりが解けた」ことが良かったと述べました。また、面接前後の心理的な変化や家族関係の変化、そして霊に憑依されていた状態についても詳しく語ってくれましたので、その内容を（プライバシーに配慮したうえで）記したいと思います。

初回面接

――まず女性が語った。

主治医にカウンセリングを受けたほうがいいと言われ、私も同意して来所した。一人で行動をするのは制限があるので夫に付き添ってもらった。

最初におかしくなったのは二年前。PTA会長を引き受けたのだが、対人関係のトラブルでむしゃくしゃすることが多くなって、子どもやものに当たりはじめた。過呼吸で倒れる。失神する。子どもたちを恫喝する。こうしたことが多くなった。心療内科を受診し、当初はうつとパニック障害と診断された。一年でだいぶ落ち着いたものの、一人では人の多いところに出かけることができなかった。他人を信用できないという気持ちも強く、社交不安障害とも診断された。もともとはたいへん社交的なタイプだったが、まったく正反対になってしまい、どこへいくにも主人や母の同伴が必要になった。それでも少しずつ改善に向かっていたように思う。

そんなある日、花火大会にいくことになった。人の少ないところで頓服薬を飲みながら花火を見たが、帰り道に通行規制に遭い、警官の誘導で最終的に人の波に入ることになった。群の何人かが警官とケンカを始めて怖かった。そのときに、なにかを刺されるような感じで、バーンと私のなかに誰かが入ってきた。その場で失神し救急車で運ばれた。その出来事以降、ふたたび子どもに強く当たるようになり、過呼吸や失神が増えた。子どもへは度を超えた叱り方をしていると思う。泣くまで洞喝する。われに返ると、またやってしまったと、自室に戻って枕を濡らす。

ある日、自分が嫌になってリストカットをした。その抜糸もまだのうちに二回目のリストカットをしたので、主治医の勧めで入院した。しかし入院中もめまいで倒れることが多く、「ここの病院では治せません」と言われ、結局一〇日間で退院することになった。退院してからはずっとリストカットが続いたが、整形外科でプロテクトのギプスをはめてもらってからはリストカットは止まっている。

主人は仕事から早めに帰宅するなど、ものすごく心配してくれた。家事も協力してくれるようになった。私もそれを見て少しずつ頑張りだし、ほとんど家事ができるようになってきた。そうすると主人も安心したのか、私を心配してくれなくなってきた。そのため、子どもだけでなく主人にも当たるようになった。

一〇日前、「どうして私に触れてもくれないの」と主人に投げかけたときに、主人は「怖いから」と答えた。主人が一番好きで、主人がいればなにもいらないと思っていたのに、「あぁ、私は怖がられているんだ」「私が重荷になってるんだ」とショックを受けた。「俺は一二〇％頑張っているんだ。これ以上求めないでくれ」と主人に言われて、もう居場所がないと思い、死んでやろうと思った。踏み切りの前にも立ったたし、ひもに手をかけたこともあった。死への執着がすごく強くなったので、それを主治医に伝えると「今のあなたにはカウンセリングが必要」と言われてここに来た。どうしていいのかわからないので助言がほしい。死に対する執着を取り払うための方法を知りたい。

――次に男性が語った。

私が大学生で、妻が専門学校生だったときにアルバイト先で知り合った。妻は元来元気で、普通の女性だった。落ち込まない、内に秘めない、ストレスがあったらすぐ外に出す、明るい性格だった。私は仕事が多忙で、朝早くて夜遅い生活。平日は会話が少なかったが土日は家族で遊びにいくようにしていた。妻はのめり込むタイプ。最初は私の気を引きたいという面もあったと思うが、二年間でどんどん悪いほうに入り込んでいった。心にエネルギーがない。

私は支えるよう努力してきたが、会社も家もしんどくて休まるときがない。会社にもたいへん迷惑かけている。ほとんど限界が来ている。私は元来辛抱強いタイプで絶対に弱音を吐かないが、最近は心が完全に折れてしまっている。これまではケンカをしても言い返すことなく「ごめんなさい、俺が悪かった」と受けとめていたが、一〇日前のケンカでは、いろいろと詰問され、さすがにもう受けとめきれなかったので、正直にそのことを伝えた。

今はどんどん悪いほうにいっている。毎日がギリギリというか、不安のなかにいる状態。ここ一ヵ月ほど、インターネットでどうやったら楽に死ねるか調べている。とにかく楽になりたい。調子の悪いときは精神安定剤を頓服で服用している。良かった頃のイメージを思い出せれば、もう少しはポジティブになれるかと思うが、全然思い出せない。

——ここからふたたび女性が語った。

私も頭のなかは死ぬことでいっぱい。リストカットに関しては、主人の気を引くためもあったかもしれないが、私じゃない誰かの指示で切っていた。切った痛みでわれに返って、「あれ！　なんでまた切ったのだろう？」と。それを繰り返し、結局ここ一ヵ月で九ヵ所に傷を作った。入院する前の二回のリストカットは明らかに私の意志だったが、退院してから七回は私の意志ではなかった。……白い服を着た、見知らぬ四〇代くらいの黒髪の女性が出てくる。その人に「今だったら誰もいないよ」ってささやかれる。声もはっきり聞こえる。すると、主人が全部処分したはずのカミソリが不思議なことに目につくところにあって、導かれるようにリストカットした。現在はプロテクターでリストカットは止まっているが、左手以外の場所も切ろうと思えば切れるはずなのに、左手の手首にだけに執着しているような気がする。

——最後にセラピストが次のように述べて初回面接を終えた。

今は信じられないかもしれないが、必ず良くなるので、絶対に自殺をしないこと。二人ともインターネットで自殺の方法などが記載されているところに近寄らないこと。「白い服を着た女」の思うつぼになるので、そのそのかしに絶対に負けてはいけない。次回は「悪いもの」から身を守る詳細な方法をアドバイスする。

第二回面接

一週間後に女性が一人で来談。受付での表情も柔らかく、左腕のプロテクターが外されていた。「前回の面接のあと、急激に気分が変わった。白い服を着た女が私から離れたような気がする。気持ちもたいへん明るくなり、二年前の自分に戻った感じがする。死にたい気持ちや家族への恫喝もなくなった。夫や子どもたちもたいへん驚いている」と述べた。セラピストはあらためてＰ循環・Ｎ循環の考え方を説明し、Ｎの具象化としての「悪霊」の存在を再度認めたうえで、「悪霊」は女性の否定的な思考や感情が引き寄せたものであると説明した（Ｎ循環）。そしてＰ循環を形成する方法として感謝行を提案し、その明文化したものを「おまじない」として毎日読んでもらうことにした。

第三回面接

さらに一週間後に、夫婦で来談。二人とも表情良好。「過呼吸や不安感もまったくなくなった。夫婦ともたいへん元気になり、今までの二年間はいったいなんだったのだろうかと思う」と述べた。二ヵ月後に大学院生がインタビューを行うことになった。

大学院生によるインタビュー

――カウンセリングに来られたいきさつは?

当時ものすごくつらくて、ワラにもすがりたい気持ちになっていたからです。家族もぎくしゃくしていたし、自傷が止まらないということで、なんとか今の状況から抜け出さないといけないと考えていました。そのときに、主治医からの紹介があり、泣きながら予約の電話をしました。すぐにでもいきたい気持ちだったのに、面接までは一週間ありました。あと何日あと何日と、一日一日を過ごしました。そして当日、主人と二人で伺いました。最初は不安もありましたが、先生と話をしているうちに自分が解放されていくのがわかりました。

――どのようなことが起きたのでしょうか?

私の……あまり人には信じてもらえないような怖い現象を……普通に扱ってもらえました。私には実際に見えていたし感じていたけど、主人にも周りの人にも「薬のせいで幻覚を見ているんだよ」とバカにされていたことを、先生は真剣に聞いてくださって、それを認めてくださった。あぁ間違いじゃなかったんだって思ったときに、ふっと楽になったんです。それまでは「薬による幻覚」と決めつけられていたけれど、私の言うことを認めたうえで、それを追い払う術も教えてくださったことで、実際にどんどん軽くなりました。それまではどんなにおもしろいことがあっても、一切笑ったりしなかったのですが、やっと心からの笑顔が出るようになりました。花火にいってから体調が激変して、自傷行為を繰り返すようになっていましたが、そういった病状も一気に快方に向かいました。

――四〇代の白い服を着た黒髪の見知らぬ女性がいるとおっしゃっていましたね？

そうです。手招きされるんです。

――実際に見えるのですか？

そうです。洗面台のところで呼ぶんです。私を呼んでいる姿がある。

――いつ頃から？

たぶん、花火の帰りに私のそばに来たような気がします。

――カミソリは全部ご主人が片付けたのに、出てくるとおっしゃっていましたね？

主人が片付けたはずのカミソリなんですけど、「えっ！　こんなところにあったんだ」って不思議と出てくるんです。安全カミソリだったけれど、自分で分解して刃だけを取ったので、結構傷も深くなりました。だけど全然覚えてないんです。リストカットしたあとに、痛みでわれに返るんですが、そして、なんでこんなことしているんだろうと思うのですが、その過程を覚えていない。自分じゃない何者かにコントロールされているようで、それが怖くて、整形外科の先生にお願いしてギプスをはめていただくことにしました。ギプスをはめても右手があるのに、不思議なことにそちらには自傷行為をしませんでした。「彼女」というか、「私に憑いていた者」が左手首に執着していたのかもしれません。

ただ、電車のホームは怖かったです。背中を押される感覚がありました。だから電車に乗るときは必ずホームの真ん中に立つ、壁があるホームでは壁側にもたれて立つ。もうやめてくれ、これ以上めちゃくちゃにしないでくれという気持ちがありました。

——それをなかなか周囲が理解してくれなかった?

誰も「その存在」を信じてくれなかったのですごく悩んでいたけど、先生が信じてくれたので肩が軽くなりました。それと、一回目のカウンセリングの帰り道、久しく主人とはまともな話をしていなかったけど、そのときは楽な感じで話ができて、それでお互いのわだかまりが解けたというのもあって、いっそう心が軽くなりました。

——家族関係にも良い影響が?

ほんとに主人に見放される寸前だったのです。それが、回を重ねるごとに笑えるようになってきて、楽しいことを楽しいと感じられる自分がいました。それと、なにより嬉しかったのが、子どもたちの反応です。二回目にお伺いする前だと思いますが、テレビを見ているとき、上の子が、「母ちゃん、めっちゃ笑てるやん」って言ってくれたんです。「えっ! だっておもしろいじゃん」って私。「いや、今まで母ちゃん、笑ってなかったよ」って。そして、はっとした顔で「そういえば、母ちゃん、顔が怖くなったね」「最近、俺、母ちゃんに怒られてないなぁ」って言われて、「どういうこと？」って聞いたら、「前は、母ちゃん、鬼やったもん」って言うんですね。「俺悪いことしてないのに、母ちゃんいつも怒ってたよ」って。すごく不憫に思いました。申しわけない気持ちでいっぱいでした。そこから私、涙が止まらなくなっちゃって、「なんで泣くの？」って息子にも言われたんですけど、「お母さんね、今すごく悔しいのと嬉しいのとで、ぐちゃぐちゃになっちゃって涙が止まらないんだ」って。すると、ずっと隣りに座って肌を寄せて泣きやむのを待ってくれて、「母ちゃん、もう大丈夫なんやなぁ。ほんまに大丈夫なんやなぁ」って言ってくれた。下の子も私のそばに来て、「お母さん、なんで泣いているの？」って言いながら、頭なぜなぜしながらそばにいてくれて、「お母さん、あんまり泣いたら、また過呼吸起こして倒れるよ」と心配してくれた。「大丈夫。半分嬉し涙だから」って。

――家族以外の対人関係にはなにか変化がありますか？

友人には、悪いときでも一応作り笑顔で話しているつもりでしたが、「今だから言うけど、あのときのあんたは顔が違ったよ」って言われるんです。「表情があんたの顔じゃなかった」って。親戚の叔母たちにも「今だから言うけど、あんた、ほんとにあのときは顔つきが違っていて別人かと思った」って言われる。もちろん自分では気がつかなかったけど、今思い返すと、悪かったときは、洗面所の鏡を見ると、その、白っぽい服を着た、肩まであるストレートの黒髪の四〇代の女性が、いつも目の前にいたんです。私がすごくその人に近づいて、重なったような感じでした。それからなにを思ったのか、私は美容院にいって髪を真っ黒なストレートにした。しかし、それもしっかりとは覚えてないんです。

――その人と同じ髪型にしたってことですか?

そうです。不思議でしょう? でも今は大丈夫です。しかし最近は子どもも感受性が鋭くて、「母ちゃん、廊下にずっと立ったままでなにしてたの?」とか、「呼んだのに全然来てくれへんやん」と言うのですが、それ、私じゃないんです。実際、私も廊下で何回か気配を感じました。廊下で、恨めしそうに私を見ているんです。私にはもう取り憑けないから、ただそこにいるんです。それに子どもが気づいちゃったみたい。ただ子どもを不安にさせたらいけないので、「ごめん。お母さん、廊下の絵を見てたんよ。だから、声が聞こえなかったんよ」って、一応ごまかしたんですけど。

――今はどうなんですか?

年末まではわずかに気配を感じていたんですけど、年が明けてからは、不穏な空気をまったく感じなくなりました。

――それはなにか理由があったのでしょうか?

先生からいただいた知恵もあり、「ここはあなたのいる場所じゃないから、自分のいるべき場所に帰りなさい」と優しく思いやりを込めて諭してあげました。また先生がおっしゃったのは、私のなかの神様に感謝の言葉を繰り返すことで、良い循環を作ることでした。それと、「主人は優しい人だ。明るい人だ。ありがとうございます」というように、朝晩感謝のお祈りをしました。とにかく、感謝と明るい前向きな言葉のおまじないを繰り返しました。すると年明けからはまったく気配を感じなくなって、ホッとしているところです。

――ご主人はどのように変わりましたか？

主人は全部自分でやらなくちゃいけないと思っていたらしくて、その荷が重く、押しつぶされそうになっていたけど、すごく明るさが戻りました。以前は主人も自殺を考えていて、2チャンネルなんかをよく見ていたけど、あるとき、主人が自殺のサイトを見ていたら、「途中でスクロールできなくなって、画面から負のオーラがブワーッと出てきて、怖くて指が止まった」と言ってました。やっぱり、そういうネガティブな感情って画面からも出てくるのでしょうか。だから先生も、「絶対に自殺サイトを見ないと約束してください」と言われたのでしょうか。それ以来、自殺の関連サイトは見なくなりましたし、二人とも生きて楽しいことをもう一度って強く思うようになった。すると家族みんなに笑顔が戻ってきて、体力の回復とともに家族で遊びにいく機会が増えました。先生に「もう完治です」って三回目の面接で言われたのですが、帰宅した主人が「お母さん、治ったよ！　先生に、治ったって太鼓判押されたよ」って子どもたちに言ったんです。子どもたちはすごく喜びました。先生の言葉そのものだけじゃなくて、夫自身が私の変化を納得しているんだろうなと感じました。

死後の世界とか霊とか、そんなのは妄想だとずっと言っていましたので、自分の嫁が悪霊に取り憑かれるなんてチャンチャラおかしいと思っていたようですが、今回は実際に彼が納得できるだけの変化があったからこそ出た言葉だと思います。そういう意味では、面接に二人で来たのは大きかったと思います。私が主人に言ったところで聞き入れてもらえなかったけど、二人で先生から話を聞いて共有できたことが大きい。「私が見たのは幻じゃなかったんだね」と言ったら、「そうみたいだね」って主人も言ってくれて、「もうお互い死ぬのはやめようね」って。

最近の主人は顔色がすっかり変わり、以前のように意欲的になりました。もともと私たちはアウトドア人間なので、外に出るのが大好きな家族なんです。それが無趣味な人になって、すごく暗い影を落としていたのに、今は毎晩筋トレとかしている主人を見て、あぁ彼も変わったなぁって思います。家事もよく手伝ってくれます。

でも、しんどいときは無理しないし、そんなときは私がやる。そういう楽な感じになった。会話の中身も、以前は自分の苦しさを訴えることしかできなかったし、彼を追い詰めることしかできなかった。しかし今は普通の世間話ができるようになった。これ、すごく進歩かなと思っています。

――体調はどうですか?

三回目の面接のあと、主人の出張があったのですけど、私一人でめまいや過呼吸もなく一週間過ごせたので、ほんとに治ったんだって思えた。子どもと留守を守れたということで、大きな自信につながりました。人混みも怖くない、包丁も怖くない。それがすごく嬉しかったです。以前は主人がいないと自分がどうにかなってしまいそうな感じだったんだけど、主人はそれがすごく重荷だったと思うんです。プレッシャーになっていただろうし、慣れない家事に手間取ってすごい苦労をかけてしまったなぁって思います。また、どんなに強い睡眠薬を飲んでも夜中に目が覚めていたのですが、それも二回目のカウンセリングくらいまででしょうか、そこからは良く眠れるようになって、今は睡眠薬を使わなくても眠れるようになりました。

――カウンセリング、あるいはカウンセラーのなにが良かった?

とにかく私を認めてくれたことです。「悪霊にそそのかされたらダメや」って言われたんです。そういう、私が感じていた不穏な空気を現実のものと認めてくれて、それに対する対処法も考えてくれた。この人は私のことをバカにしないんだって驚いた。きっとバカにされるだろうと思っていたのに、先生は真剣に「そんなもんにそそのかされたらあかんよ」っておっしゃったんです。親身になって話を聞いてもらえて真剣に言葉をかけてもらえるといった体験は、ほんとに久しぶりだったんです。それで先生に対して心開きました。「この人についていって大丈夫」と思えて、次回まで待ち遠しい気持ちになりました。

――あれから約三ヵ月が経って、こうして笑いながらクライエントさんとお話しできるときが来て、とても嬉しいです。今日はこのような機会をいただけたことを感謝しています。

こうしてお話ししたことが今後の研究に役立つのであればこのうえなく嬉しく思います。ここに来るまでは、ほんとにどのタイミングで死んでやろうかと思っていましたけど、今は生きなきゃっていう気持ちになって、子どもの存在を再認識して、「あなたも大切なのよ」と主人にも伝えることができて、主人もそれを理解してくれて、もう一回二人で頑張っていこう、つらいときはつらいでいいから、楽しいときには思いっきり笑おうやって。これからが再スタートだと思います。ありがとうございました。

小考察とまとめ――本事例を理解するための「とても怪しい枠組み」

「悪霊が憑いた」――このような枠組みは、おそらく多くの（「科学的である」ことを大事にしている）人たちにはなかなか受け入れがたいものであると思います。

私もかつてはそうでした。三十数年前に出会ったクライエントは、やはり「悪霊が憑いた」ことを執拗に訴えましたが、当時の私にとってはあまりにも奇異な訴えで、このような言説を了解するすべもなく、結局、「幻覚妄想」「精神病」などといった精神医学的な枠組みをほぼ自動的に採用したのです。そして「心理療法家が軽々にかかわるものではない」と即断し、適切な精神病院を紹介しました。臨床心理士としては極めて常識的な判断であったと思いますが、そのときの実際の気分は「面倒なことから逃げたい」。

そして三十数年後の本事例（精神医学的な枠組みではきっと解離性障害と診断されるでしょう）。これは「霊が憑いた」と訴えるクライエントに対して、その枠組みを全面的に受け入れることができた最初のケースでした。それは私の本心だったので、「理解された」という感覚や安心感をクライエントに与えることができたのだと思います。

本心？　「幽霊」や「悪霊」などの存在を本当に信じているの？

いいえ、もちろん私にはそのようなものが見えたりはしませんが、Ｐ循環・Ｎ循環の枠組みを採用すると、「憑依」などといわれる現象に関しても（それなりに）理解できるようになったということです。それは次のとおりの「とても怪しい枠組み」。

Ｐ循環・Ｎ循環の考え方においては、似た者同士が集まる（類が友を呼ぶ）と考えます。つまり、人がネガティブな想念・感情にとらわれているときは、類似の（波長のあった）「なんらかの悪い事象・エネルギー」を磁石のように引き寄せる。その結果、当人はいっそうネガティブな感情にとらわれるようになり、それはますます同種のものを引き寄せる。このようにネガティブなエネルギーが循環し、これはやがて心身の不健康や環境・境遇への悪影響として観察されるようになる。このような現象は、広義の憑依であると考えて良いかもしれません。そして、時にネガティブなエネルギーは、一つの集合体として、それぞれの時代や地域がもつ文化あるいは個々人の経験や知識に応じ、さまざまな形象で――時には「幽霊」「悪霊」などとして――鋭敏な人に知覚されるのではないでしょうか。これが狭義の憑依。

本事例でクライエントの語った「四〇代の白い服を着た黒髪の見知らぬ女性霊」も、クライエントにはたしかにそのように見えているとはいえ、その正体は、実はクライエントの想念や感情に引き寄せられたネガティブなエネルギーの塊が知覚化・具象化したものであると考えます。つまり、それを「悪霊」として知覚しているクライエントに嘘偽りはないものの、実質的に存在するものは、みずから引き寄せたネガティブなエネルギーの塊に過ぎません。これは決してクライエントを否定する意味ではなく、字義どおりの「悪霊」は実際にはやはり「ない」。また、実質的に存在するところのネガティブなエネルギーの塊であってさえも、それは決してみずから主体的・積極的には存在しているわけではありません。クライエント自身が発するネガティブなエネルギーに依存して初めて存在する力を得ているのです。クライエントの想念の力によって初めて産出され生かされているところの、あくまで受動的な「四〇代の白い服を着た黒髪の見知らぬ女性霊」（実体はネガティブなエネルギーの塊）であるということです。以上が、憑依を理解するために私が採用している枠組みです。実に怪しいのでしばしば笑われます。しかし役に立つので捨てがたい。

さてここで、これまで何度も繰り返し述べてきたことを思い出してください。

「問題」や「問題の人」は本来どこにも「ない」のだけれども、人々によってそのように構成され、あたかも「ある」かのような顔つきをしている。

このような視点をもつことはＳＡの肝の部分ですが、実は「問題の人」を「悪霊」に入れ替えても同じことなのです。「悪霊」は本来どこにも「ない」のだけれども、人の想念に引き寄せられ、あたかも「ある」かのような顔つきをしている。「問題の人」も「悪霊」も決して本来的・積極的な存在ではなく、受動的な仮の存在である。人々の意味づけや想念のあり方によって雲散霧消する。すなわちこれらに対する上手な対応の方法は両者とも同様なのです。「問題」を解決するには「問題」そのものと悪戦苦闘するのではなく「問題」を構成しているクライエントやその周辺の人々の認知的な枠組みに変化を与えることが重要であるのと同じように、「悪霊」から逃れるためには「悪霊」そのものと悪戦苦闘するのではなく「悪霊」を引き寄せているクライエントやその周辺の人々の想念に変化を与えることが大事だということです。

その際セラピストに求められる条件は、実はそのようなものは「ない」ことを理解したうえで、「問題」や「悪霊」を恐れない逞しさを有していることだと考えます。というか、「ない」ことを理解すれば恐れることはありえません。恐れるのは「ある」と思うからです。恐れはN的な感情ですから、N循環は増強され、「問題」や「悪霊」はますますのさばることになるでしょう。恐れるセラピストはみずからそれを出現・維持させる片棒担ぎと成り果てます（巻き込まれます）。この場合はセラピストを交代することが望ましいでしょう。万が一、この状態のままかかわり続けると、セラピストも「問題」や「悪霊」の餌食になるかもしれないからです。巻き込まれたセラピストもネガティブな想念・感情にとらわれがちになり、心身の変調、境遇の悪化などに見舞われることにもなりかねません。

しかしセラピストが――「悪霊」を恐れない（そのような仮象を認めない）――この条件を満たすことができれば、「霊が憑いた」などといった特殊な事態にも鋭意対処できるようになると考えます（さて、心理療法家にそのような必要があるかどうかは別にして）。恐れないでいられるためには、「悪霊」などといった言葉のもつおどろおどろしいイメージに引き込まれることなく、その実態はクライエントの想念・感情が引き寄せているネガティブなエネルギーの塊に過ぎないとしっかり理解することが、最初の一歩となるわけです（一般的な心理療法において、「問題」や「問題の人」「問題の家族」はただの意味であると理解するのとまったく同じことです）。

＊なお、本書ではネガティブなエネルギーなどと述べていますが、そのテの書物を紐解いてみると、「低波動」「マイナスの磁気」「邪気」など、いろいろな名称が用いられているようですね。

さて、「悪霊が憑いた」（憑依）に対するP循環療法では、このような「悪霊」を消失させるための方法として、クライエントがネガティブな想念・感情に陥る可能性の高い状況をなるべく避けるように指導したうえで、クライエントの内面にポジティブな思考・感情を膨らませることを目的とした介入を行います。

本事例でも、初回面接において、まずインターネットの自殺サイトの閲覧を禁止しました。そして、「霊のそそのかし」に対抗する必要を説き、「霊」をクライエントの否定的な思考や感情が引き寄せたものであると示したうえで、P循環を作る方法として感謝行を提案し、その明文化したものを「おまじない」として毎日読んでもらうことにしました。

これら一連の作業により、クライエントの身に起きていた霊的な現象は急激な変化を見せたのですが、その直接的な理由は、インタビューでも明らかなように、クライエントのネガティブな想念・感情が初回面接で一気に転換したことに尽きると思います。このように、クライエントの想念・感情が変化すると、通常「悪霊」はすぐに離れるようです。なぜなら、クライエントの相手が主体的・物質的存在である「人間」の場合は、クライエントの変化の影響が「彼ら」に及ぶのにはいくらかの時間経過が必要ですが、「悪霊」はクライエントに依存してまとわりついているただのエネルギー体なので、「彼ら」はクライエントの想念・感情の影響を即時的に受けてしまうと考えられるからです。その意味で、クライエントと「悪霊」の関係は、実に変化が容易な（関係の）枠組みであるといえます。

また、霊的現象が急激に変化を示したことの間接的な理由として、もう一人のクライエントであった夫も同じ枠組みを共有したことを忘れてはなりません。これにより、初回面接で転換したクライエントの想念・感情は、面接を終えたあとも持続しやすくなったのです。家族合同面接が効果的な心理療法の形態であることを、本事例もまた示唆しているように思われますが、いかがだったでしょうか。

あとがき

こうしてまた、システムズアプローチを広く紹介する機会を得たことをたいへん嬉しく思っています。読者のみなさま、最後までお読みいただきありがとうございました。

なお、本書の成立については龍谷大学大学院文学研究科臨床心理学専攻・東ゼミに参加している大学院生たちとの厳しくも楽しいディスカッションに負うところが大きいと思います。また、日本評論社の谷内壱勢さんには的確なアドバイスをいただき、テキパキと仕事を進めていただきました。みなさんありがとうございました。

最後にオマケで、私の大好きな妙法蓮華経《みょうほうれんげきょう》のなかから、観普賢菩薩行法経《かんふげんぼさつぎょうほうきょう》の一節をご紹介したいと思います。

一切の業障界《ごうしょうかい》は皆妄想《もうぞう》より生ず。若し懺悔《さんげ》せんと欲せば端座《たんざ》して実相《じっそう》を思え。

超意訳：あれこれの悩みや苦しみ、いろいろな病気や障害も、本来ないものをあると思ってしまう想念により生み出されるのです。そこから解放されたいのであれば、静かに気持ちを整えて、人間の「本来の姿（霊性・仏性）」を深く思念しなさい。

令和元年　秋

東　豊

●初出一覧

第1章　「ものは見よう　考えよう―色即是空・空即是色の世の中」平成心理療法研究会『□い心が○くなる心理学―考え方次第でもっと気楽に生きられる』一三―四〇頁、ＰＨＰ研究所、一九九五年

第3章　「北村論文に関するコメント」『上智大学臨床心理研究』八五―八九頁、四一巻、二〇一八年

第6章　「ブリーフ・セラピーの実践―症例：『お猿の子から人の子へ』」『精神療法』二三巻四号、三五五―三六一頁、一九九七年

第7章　「演歌妻、夫を救う」『メンタルケアナーシング』一巻一号、九八―一〇〇頁、一九九五年
「私が頭の痛い訳」『メンタルケアナーシング』一巻二号、一一〇―一一二頁、一九九五年

第9章　「システムズアプローチにおけるＰ循環療法」『龍谷大学論集』七八―九一頁、四八九号、二〇一七年

第10章　「Ｐ循環療法の枠組みと事例―教員の失敗と臨床実習生による機転」『龍谷大学大学院臨床心理相談室紀要』一―四頁、一五号、二〇一九年

第11章　「『霊が憑いた』事例」『龍谷大学大学院臨床心理相談室紀要』一―一〇頁、九号、二〇一三年

東　豊（ひがし・ゆたか）

臨床心理士、公認心理師、博士（医学）
専門はシステムズアプローチ（家族療法など）

1956年　滋賀県生まれ
1979年　関西学院大学文学部心理学科卒業、心理臨床家となる
1988年　小郡まきはら病院にて心理・社会部部長
1992年　九州大学医学部心療内科技官
1997年　鳥取大学医学部精神神経科助手
1998年　同医局長
2000年　神戸松蔭女子学院大学人間科学部心理学科教授
2012年〜　龍谷大学文学部臨床心理学科教授

●主な著書
『セラピスト入門』『セラピストの技法』『セラピスト誕生』『家族療法の秘訣』（いずれも日本評論社）
『DVDでわかる家族面接のコツ1夫婦面接編』
『DVDでわかる家族面接のコツ2家族合同面接編』（いずれも遠見書房）
『システムズアプローチによる家族療法のすすめ方』（共著、ミネルヴァ書房）
『心理療法テクニックのススメ』（共著、金子書房）

新版《しんぱん》　セラピストの技法《ぎほう》――システムズアプローチをマスターする

2019年11月25日　第1版第1刷発行

著者　東　豊
発行所　株式会社日本評論社
〒170-8474　東京都豊島区南大塚3-12-4
電話03-3987-8621（販売）　-8598（編集）　振替00100-3-16
印刷所　港北出版印刷株式会社
製本所　井上製本所
装丁　図工ファイブ

検印省略
ISBN978-4-535-56381-0　Printed in Japan